Éric Lokela

# La Canadienne

Éric Lokela

# La Canadienne

## Secret dévoilé par la vengeance

Éditions Muse

Cover image: www.ingimage.com

Publisher:
Éditions Muse
is a trademark of
International Book Market Service Ltd., member of OmniScriptum Publishing Group
17 Meldrum Street, Beau Bassin 71504, Mauritius
Printed at: see last page
**ISBN: 978-620-2-29669-4**

# I

Il y a toujours un temps pour décider, quelle que soit la lourdeur de la décision à prendre. Aimer était la décision la plus difficile à prendre pour Dutronc. Après six ans de silence dû à une déception qu'il n'a jamais voulu dévoilée, Dutronc avait enfin trouvé la fille qui a su s'imposer avec ses pensées, ses dessins, etc.

Mais qui était cette fille ? Était-elle aussi charmante, les jugements que la plupart des admirateurs de Dutronc portaient sur elle étaient-ils vrais ? Peut-être. Personne ne l'avait jamais vue. Elle a existé loin de toute vision et pourtant, quelques personnes savaient qu'elle existait réellement.

Ce que nous disait souvent Dutronc était vrai ; elle ressemblait totalement à la description que Dutronc nous faisait sur elle. Elle mesurait un mètre soixante, apparemment sa beauté n'avait rien de particulier mais en réalité, c'était toute autre chose. De teint clair et à la voir de loin, on croirait à une fille du soleil car elle brillait de figure. Son accoutrement était simple et unique. Elle portait souvent des bijoux en argent ; c'était ses préférés. Elle n'était pas du tout mince mais, sa ligne était très visible. Elle était de nationalité congolaise avec une beauté vraisemblablement congolaise…on dirait facilement que sa beauté c'est une vérité indiscutable même pour l'humanité !

Assis sur sa diagonale, Dutronc portait une chainette en or et était visiblement séduit par celle qui en portait en argent. Certainement parce que le mariage or-argent donne le bon goût à l'alcool. Et, après deux heures de train, Dutronc n'en pouvait plus, il s'approcha de la jeune fille qui portait une chainette en argent qui contre toute attente, cette dernière l'accueillit très gentiment et presque sans réserve. Mille pensées traversaient ainsi l'esprit de notre héros et celui-ci réfléchissant à la seconde, rompu le silence par une courte présentation : « Je m'appelle Dutronc, je suis étudiant à Mbanza-Ngungu, (une petite ville urbano-rurale située à près de 150 km de Kinshasa la capitale de la République Démocratique du Congo) Et vous ? »

Après un petit silence, la belle demoiselle à la chainette en argent lui répondit : « je m'appelle Angela, je suis de Kinshasa et je me rends à Matadi pour tout au plus une semaine. Et vous, qu'allez -vous faire à Matadi ? Dutronc lui répondit : « Visiter la famille, nous n'avons pas cours… pouvons-nous nous tutoyer ?» Bien-sûr, répondit Angela. Ainsi, nous avons commencé à discuter et à échanger tout au long du parcours. Après avoir discuté plus d'une trentaine de minutes à bord du train, Angela commença à sentir une très forte fièvre. Heureusement, Dutronc a toujours les bonnes habitudes de voyager avec une petite trousse pharmaceutique, il apporta son aide à la fille en lui donnant quelques comprimés de paracétamols et l'assista de son mieux pendant tout le parcours au point que l'intimité entre or et argent se créa naturellement. Arrivés tous deux à la gare centrale de Matadi, Dutronc se sentit obligé d'accompagner la fille jusqu'à l'adresse qu'elle-même ignorait. Lorsqu'elle finit d'expliquer à la famille comment le médecin qui est venu du ciel l'a ramené jusqu'à son adresse, l'oncle eu le courage d'inviter notre étudiant dès le lendemain de leur arrivée.

Dutronc quitta sa nouvelle conquête plein de joie et d'espoir. Cette fois-ci, il savait qu'il est tombé amoureux. Cependant, une question lui venait toujours à l'esprit : « pourquoi seulement moi qui ai croisé cette fille qui n'est même pas hyper diplômée et ne représente pas grand-chose face à toutes ces jolies filles brillantes qui sont avec moi à la fac ? » Dutronc est resté sans réponse face à cette question. Suis-je dans le bon chemin ou juste je me laisse entraîné par un coup de foudre ? Mes amis, ma famille vont-ils l'admettre ?

Je crois que l'amour a ses raisons que la raison ignore.

Et oui ! Grace à la science, les recettes d'une entreprise peuvent être prévues, le résultat d'une fin de session peut être simulé. Le Médecin pourra même prédire le décès d'un patient lorsque le pronostic vital de ce dernier est engagé.... Néanmoins, nul ne saurait prévoir l'heure à laquelle il tombera amoureux.

Cette nuit sera certainement longue pour moi et il serait mieux que j'arrive carrément tard à la maison. Changeant sa direction, il décida d'atterrir chez ses vieux copains de l'école secondaire.

N'y a t – il vraiment personne qui peut échapper à l'amour ? Ni même un prêtre ?

Pourquoi la science ne nous a-t-elle pas appris comment on dévie l'amour surtout lorsqu'on est sans amour ?

Oh amour, qui es-tu pour bouleverser tant des saints et des savants ?

Si je pouvais, je ferais comme si j'étais l'homme le plus heureux de la terre

Qui aurait une vie comblée sans passer par l'amour

Pour que ce dernier n'ait autant d'orgueil que la mort et qu'il se courbe à moi son vainqueur !

O Dieu pourquoi n'as-tu pas essayé de laisser Eden sans femme pendant 30 ans au moins !

Les femmes, ces créatures cadettes auraient eu moins d'audace de s'imposer sur l'humanité

On dirait qu'elle en était le maître et pourtant 'est à moi que tu as donné ce pouvoir !

Y a-t-il des hommes et des animaux qui ont vécu sans être influencé par l'amour ?

Malheureux que je suis ! Après sept ans d'orgueil je finis par m'écrouler comme une tour jumelle.

Dutronc prit son chemin comme un animal qui sait très bien qu'on l'amène à l'abattoir mais sans moyen défensif. Après un accueil chaleureux lui réservé par la famille de Angela, les deux conquérants se lancèrent dans un chemin isolé très loin des regards des gens vers le légendaire Pont Marechal qui est un important lieu touriste de la ville de Matadi.

Lorsque leurs regards se croisèrent, Angela brisa ce moment contemplatif et lui demanda : « Bel inconnu, pourquoi me pourchasses-tu ? N'as-tu pas peur d'une personne qui t'es absolument inconnue ? »

Absolument pas, lui répondit Dutronc. Mais tu ne croiras pas que c'est la première fois pour moi de prendre une direction inconnue. Je m'efforce de te considérer comme une inconnue mais, les sentiments s'imposent comme jamais auparavant. Et pourquoi s'éloigner des inconnues ? continua Dutronc, au contraire, moi je me fis plus à des pareilles gens lui réplica Angela et lui dit : « généralement, ils ont une estime peu familière de notre personne et ce genre de jugement est généralement marrant. J'aime bien que le gens tape à côté lorsqu'ils me jugent. Je suis donc ta nouvelle cible, dévore-moi alors ! lui demanda Angela. Moi, je n'établirai aucun jugement sur toi, je préfère que tu me parles de ce que tu es réellement. Pourquoi, adores-tu les inconnues ? lui demanda Dutronc : « Pourquoi pas ? » Et d'ailleurs, pourquoi te le dirai-je ? Au contraire toi, parle-moi une peu de ton ex lui demanda Angela, j'adore les histoires d'amour vécues, c'est-à-dire des vraies. Hum ! réagit Dutronc avec un petit sourire et lui dit : « Mais au lieu de la chercher ailleurs, faisons-en une, selon nos fantasmes ; heu ! donne-moi trois raisons pour que j'étale ma vie à une inconnue ? » Je n'en ai pas trois répondit Angela, j'en ai une et une seule : tu es amoureux de moi.

C'est donc le prix à payer pour que tu me laisses entrer ! petite maligne ! Et quand tu finiras à écouter mon malheur, tu diras « vois-tu c'est pratiquement impossible parce que nous n'avons que quatre jours à passer ensembles et on ne se connait pratiquement pas. » Elle resta debout et regarda Dutronc dans les yeux, et ce dernier la regarda en face. Elle lui dit : « Oh les hommes, lorsqu'ils en ont besoin, ils ne savent plus comment faire fonctionner leur cerveau. Nous les femmes, nous avons notre façon de dire oui. Je t'avais dit que j'aimais les inconnues. Cela ne te suffit donc pas ? » Et moi qui te croyais si sage. Tu es l'inconnue le plus distrait que je viens de croiser. Elle s'approcha embrassa son compagnon par la bouche et quelques secondes après elle lui fit un léger baffle. Tu rêves ou quoi ! Petit joueur.

Mille excuses, dis-moi que ce n'était pas un rêve ! Ne me sous-estime pas si tu ignores de quoi je suis capable. On parlait de quoi ? rigola Dutronc. Tu étais juste sur le point de me parler de ton ex. D'accord, je veux quelque chose en retour pour t'en parler. Tout ce que tu voudras, maintenant il n'y a plus de secret lui répliqua Angela.

Après avoir inspiré profondément. Voilà ! D'abord merci de l'avoir fait je croyais que notre histoire finira par des rêves. Mon ex c'est aussi ma première. Il y a de cela six ans, c'était pendant mes vacances à Boma (une ville située à près de 150 km de Matadi). Je vivais un amour selon que je le voulais. Tout marchait bien comme sur des roulettes.

Pas si vite je veux connaître le début, lui interrompit Angela, ne l'aurais-tu pas croisée comme moi ? Pas comme toi, je la connaissais très bien. Elle était notre voisine. A la mort de leur père, les enfants étaient partagés entre les membres de famille de leur père. Sa tante qui habitait Boma l'a prise. Et, quand j'étais allé en vacances à Boma chez mon oncle et la providence a fait qu'on se retrouve dans une même parcelle. Les relations amicales devinrent ainsi profondes au point d'engendrer l'amour. Cependant, personne d'entre nous n'avait le courage de le dire. On se voyait toujours en famille.

Un jour j'avais eu le courage de lui demander un tête-à-tête. Elle eut le courage de me demander si c'était pour quelle occasion. Je lui répondis simplement « surprise ». Au lieu du rendez-vous, elle me tendit une lettre.

Ça vient de qui ? Merci, je la lirai à la maison.

Non. Sans la lecture de cette lettre tu n'auras rien à me dire.

Mais pourquoi ? C'est moi qui t'ai invitée ! Écoute d'abord ce que je devrai te dire et ensuite je lirai ta lettre, c'est important s'il te plait, elle me répliqua.

Non, non, pas cette fois ci. De toutes les façons, je sais : '' tu sais la fille de ma classe, patati patata…'' ce que j'ai écrit est aussi important pour moi. Tu le lis et dans quelques instants la suite de notre programme.

Les femmes, à quelle heure Dieu vous a-t-il créées pour être aussi impatientes et imposantes. La façon à la quelle tu me mattes étonnerait mes amis qui ont tant d'estime pour moi si bien qu'ils me parlent toujours avec un ton poli. Mais toi… je la lis quand même par amour. Alors, je peux avoir une seconde ?

Même six cents secondes pour vu que tu me la lises. J'ai toujours cru que tu seras tenté de me lire mais…Je ne souviens pas trop de ce qu'elle m'avait écrit.

En voici quelques phrases :

''Dutronc,

Je sais que tu es un garçon brillant, tu brilles dans la science comme dans ta religion. Tu es brillant dans ton comportement et ta beauté brille aussi. Sans parler d'ailleurs de ta bonté et de ta sagesse conciliatrice. Seulement vois-tu que nul n'est parfait, tu sais beaucoup mais j'ai compris que tu ne savais absolument rien en amour. Comment un homme si tant apprécié, peut ignorer le moindre langage des femmes.''

Je suis donc pas la seule à le remarquer s'exclama Angela, et je jure qu'elle trouvait des mots justes pour te qualifier. Celle-là, elle mérite bien une bouteille de champagne.

''Ne me qualifie pas d'une fille moins sérieuse, plutôt ta sous-brillance m'a touchée au point de me pousser à répandre mon âme devant toi par ces écrits. Simplement parce que je me suis rendue compte qu'à force d'attendre, le singe n'eut pas sa queue.''

Tu aimais l'appeler comment ? Ma poète, mon écrivain, …. Qu'est-ce ce que J'adore ! oh les vraies histoires. C'était combien de pages, c'était quoi son prénom ?

Quatre pages et son prénom est Micheline. En lisant ces mots j'étais énervé mais … j'ai quand même continué.

On y va.

''Je te voyais comme un homme fermé quand je ne te connaissais pas assez. Quand je t'ai approché, j'ai découvert que malgré tes quelques défauts, tu étais un homme acceptable pour chacune et pour toutes. Grâce à tes conseils, j'ai su faire un bon choix avec mon ex. mais à force de t'approcher, j'ai compris que même dans l'adolescence, il est possible de vivre un amour qui est et qui finit bien. Et sans vouloir te vexer, permet que je dise franchement que si c'est possible sois mon compagnon de chaque heure, de chaque minute et chaque seconde. Si tu es prêt à assumer cette tâche, n'hésite pas de me dire oui. Sinon, aie le courage de me dire non et je te garantis que cela n'aura aucun n'impact négatif sur notre bonne amitié, ne sommes-nous déjà pas une famille?

Si tu es d'accord avec ma demande, tu n'aurais pas besoin de me dire oui, porte seulement cette chainette en signe d'un amour en or, rare et qui coûte cher. Dans le cas contraire, remet-la dans l'enveloppe, la lettre y compris et restitue-le-moi. Etc.''

S'il te plait ! Ne gâche pas mes vacances. Comment as-tu réussi à garder tous ces verbes au frais ? Approche que je te recharge…lui demanda Angela.

Merci, mais je te préviens que ça n'est pas mon point faible. J'ai gardé cette lettre tout au long de notre amour, une année environ. Et je la relisais chaque semaine.

Angela le toucha sur l'épaule et lui dit : « Mon prince charmant, je sais que ce n'est pas ton point faible. C'est ma façon de t'exprimer ce que je ressens en t'écoutant ! Je t'en prie. Sache au moins que je mène le jeu. J'espère que cette corde sur ton coup n'est-elle pas celle dont tu parles ? Je comprends pourquoi tu aimes porter l'or. »

Son cadeau, lui répondit Dutronc, j'ai préféré l'offrir à ma sœur aînée. Et je t'annonce ma victoire à la fin du dual.

''Si tu porteras ce collier, sache que je ne te demanderais rien en retour. Je n'ai besoin ni de l'or ni de l'argent, ni d'une fleur ou de tout autre chose. Juste un amour simple et durable. Un amour capable de résister au froid et à la chaleur, capable de s'adapter tant sur terre que sur la lune. Un amour soluble dans la richesse et dans la pauvreté.

Je sais qu'on ne dit jamais « JAMAIS », mais je promets de ne jamais te décevoir. Garde cette lettre autant que tu pourras et le jour où je marcherai à l'encontre de ma promesse, relis-la moi, tu verras si je resterai indifférente. Et si jamais je ne récidivais, quitte-moi sans préavis. Je t'aime, je t'aime encore et je t'aime pour toujours''

Voilà ce dont je me souviens. C'est par là que j'ai eu le goût de l'or, généralement ses cadeaux étaient des bijoux en or. Elle en trouvait facilement parce qu'elle avait un oncle bijoutier. L'amour était né. Elle venait passer ses weekends ainsi que toutes ses vacances scolaires chez sa mère à Matadi. Ce qui nous donnait l'occasion de nous revoir souvent. Avant de continuer à lui raconter son histoire, Dutronc garda un long moment de silence. Et durant ce silence, il pensait au soir où tout a gâché :

La journée s'était très bien passée. Le soir se passait également bien jusqu'au moment où se pointa la voisine de son oncle chez qui il passait ses vacances. Elle était venue juste signaler à la femme de son oncle qu'elle devrait nous mettre en garde pour maintenir le bon voisinage. Elle précisa que l'un des garçons sortait avec sa fille et qu'elle n'était pas d'accord avec ce genre d'amour. Après son départ, notre tantine un peu humiliée nous regarda tous et demanda si quelqu'un pouvait lui dire quelque chose.

Après que fussent croisés les regards de tous les vacanciers présents dans le salon, chacun prit le chemin de sa chambre et la soirée ne se termina qu'en suspens. Arrivée dans sa chambre, José le cousin avec qui je partageais le lit m'a regardé attentivement sourit, il me demanda si j'en savais quelque chose. Je lui répondis simplement non. « Ne t'en fais pas mon petit saint, ne sois pas désemparé car c'est moi le coupable lui annonça José » à cette phrase, Je me suis laissé tomber au lit comme j'en avais l'habitude lorsque je me rendais dans la chambre. Seulement, cette fois-là, ce n'était pas une habitude. C'était plutôt une tombée d'émotion sans que José ne s'en rende compte. Faisant semblant d'être émerveillé par cette nouvelle, mon rival raconta de A à Z les merveilles de son amour avec Sarah. Dutronc ne sachant comment digérer cette belle histoire amère, je pouvais tout croire sauf partager la vie avec un frangin rival. Je ne parvenais pas à comprendre comment et pourquoi Micheline a décidé et réussi à jouer ce double rôle. Comment la femme était-elle capable de collaborer à la fois avec deux créatures très différentes en l'occurrence l'homme et le serpent. Moi qui croyais toujours offrir un amour vrai à mon soi-disant cœur qui à son tour semblait être comblée et était ailleurs à des kilomètres du bonheur. Pourquoi elle ne s'était jamais plainte alors qu'elle souffrait au fond d'elle. C'était la plus longue nuit que je n'avais jamais passé depuis ma naissance. Cet amour qui semblait être vivant était vite classé dans le passif.

Une semaine après ces événements, bien sûr après que ma plaie ait pris une bonne allure de cicatrisation, j'eus le courage d'expliquer à la fille que nous ne pouvions plus continuer parce que j'avais appris qu'elle trichait avec un autre mec. La fille nia tout en bloc mais, lorsque je lui exposai clairement que José m'avait parlé de leur relation, elle n'eut plus la langue…

Que s'est-il passé après la lecture de la lettre ?

Elle a voulu savoir le pourquoi du rendez-vous et je lui ai clairement dit que c'était pour le même besoin.

Cette histoire je ne l'ai jamais raconté à une tierce personne, ni à mes amis. La plupart de mes connaissances pensent que je suis nul en matière d'amour puisque selon eux je n'ai jamais été amoureux.

Et moi, lui dit Angela, toutes mes connaissances pensent que je suis vierge parce qu'ils n'ont jamais appris un moindre soupçon de mes amours. En effet, comme je ne m'attache qu'à des inconnues, mes amours sont inaperçus et de courte durée.

Tant que tu porteras des bijoux en or, tu n'oublieras pas cette déception aussi brillante que votre amour. Je te conseille de porter ceux qui sont en argent ou carrément d'abandonner. De toute façon, tu es un homme ; ce n'est pas obligatoire. Je te remercie pour cette journée. Je ne te promets rien mais essaie encore avec moi. On verra bien ce que ça pourra donner comme résultat. Franchement, quand je t'écoute avec ta façon de parler, cela me fait tellement du bien et ça me donne une raison de plus hormis l'amour, de demeurer à mieux me comporter pour ne pas gâcher cette amitié ou mieux cette intimité qui se crée avec toi, ce qui est un cadeau du ciel pour moi.

Je peux te demander une faveur ? demanda Angela laquelle ? répliqua Dutronc avec humour…tu veux déjà ça ! Enfoiré ! exalta-t-elle, j'ai juste envie de te lire demain. C'est mon désir le plus ardent.

Alors que Dutronc commençait à s'éloigner de quelques pas, elle cria : « même PAS UN CALIN POUR UN SOMEIL DOUX ? »

J'EN AI ASSEZ EU. TU N'AS QU'A REVER TON NOUVEL INCONNU QUI T'AIME AU DELA DE TES PETITS REVES !

Je comprends à qui j'aurai à faire. Elle secoue la tête et souri.

Je t'avais dit que je remporterai ce match mon amour !

---------------------------------------------------

Mon amie, je t'écoute lui répliqua Angela. Permets-tu que je te pose encore une question lui demanda Dutronc, bien-sûr ! Il y a une chose que je n'arrive pas à comprendre. Pourquoi es-tu si attachée aux personnes qui te sont totalement inconnues ? Crois-tu tout savoir sur ceux qui t'entourent ? As-tu peur de perdre des valeurs que tu possèdes ou simplement as-tu peur d'être découverte ?

C'est bon de ne ressembler qu'à sois même mais comment peux-tu dire que je ne mange pas les escargots si tu ne les as jamais goûtés. Il ne t'est jamais arrivé à l'idée que l'homme de ta vie vivait à côté de votre parcelle ?

Il y a une deuxième chose qui me préoccupe : pourquoi tu as voulu me lire ? Ne serait-ce pas parce que tu veux copier quelque chose de ma première. Si tel est le cas fais attention. La vie n'est pas un jeu ou un théâtre ; c'est quelque chose de vrai et de vivant, alors sois naturelle et comporte-toi en vrai et reste toi-même ; ça vaut la peine.

Passons à l'amour, je sais que c'est ce que tu veux lire ; n'est-ce pas ? Si lui répondit Angela.

Merci d'avoir retenu ton attention au premier vu de l'inconnu que je suis lui déclara Dutronc. Crois-moi que c'est vice-versa et je me demande pourquoi mes amours se réveillent toujours par une coïncidence. Merci de tout cœur. En effet, tu as ressuscité ce qui était mort en moi et a redonné l'espoir dans ma vie. Tu as essuyé ma déception et éclairé ma figure par ta beauté envoutante. C'est pourquoi il lui déclara « YIKUZOLELE » qui veut tout simplement dire je t'aime.

Et Dutronc continua : « N'as-tu déjà pas senti le bonheur d'être avec moi ? Moi, si. J'ai l'impression d'avoir retrouvé un bonheur longtemps perdu sans que je ne m'en rende compte. C'est drôle, tu sais dans la vie, nous perdons beaucoup de choses sans nous pourtant en rendre compte ! Rends-moi plus heureux s'il te plait non ! Ce que j'aime en toi, est que j'ai compris que tu vis ta vie au présent, c'est très positif. Penser souvent au passé remplit la vie de désespoir et de peur. Aussi, ta façon d'aimer n'est pas hypocrite, je l'admire. Sans vouloir te flatter ou te faire du bien, tu es charmante et je sais que ça te fera du bien à le lire.

Crois que je t'aime et que je suis également capable de te rendre plus amoureuse et heureuse en ma façon. Vivons alors notre amour car le temps est trop court pour ceux qui veulent le rendre long.

Enfin, n'oublie pas que nous sommes jeunes et nous n'avons pas que l'amour à faire. Je raconterai notre histoire à tous ceux qui chercheront l'amour, je parlerai de toi comme je l'ai toujours fait et j'embellirai notre amour tant que nous nous aimerons. »

Après entendu tout ce discours, Angela lui répondit :

« Mon cœur,

Comment peux-tu ignorer que tu possèdes ce que recherchent toutes les filles ? Un jour j'aurai l'occasion de te raconter mes vacances scolaires comme tu l'as fait, tu apprendras ce jour-là tout sur moi et ma famille. Mon père est un fonctionnaire international ; lui et toute notre famille voyageons beaucoup. Aucune importance de te parler des pays que j'ai déjà visités depuis mon enfance. Voilà pourquoi j'aime découvrir, j'ai passé une bonne partie de ma vie avec des personnes que je n'ai pas trop connues.

T'écouter, c'est comme si je visionnais un film. Te lire c'est comme si j'entendais ta voix à mes côtés. Peut-être un jour, l'avenir fera de toi un écrivain, tu pourras écrire de bons livres sur la vie et surtout si tu parles de Dieu. Tu as l'art de convaincre sans fournir trop d'efforts.

Tu réfléchis à la fois comme un vrai adolescent et comme un vrai adulte. Comment tu fais pour y parvenir ? Si ta beauté n'est pas si attirante, ta langue oui, elle l'est. Toute personne qui t'approchera te collera. Tu as en effet un charme qui ne se découvre qu'après l'avoir gouté.

Puisque je ne suis pas parolière comme toi, je crois qu'il est temps pour moi de te dire je t'aime de tout mon cœur et de toute ma pensée. Je tiendrai compte de tous tes conseils.

De ton côté aussi, sache qu'on n'est pas vieux. Vivons notre jeunesse puisqu'elle passera.

Bisous. »

# II

Les jours que Dutronc avait passés à Matadi lui paraissaient comme quelques heures. Ils rentrèrent le même jour et prirent le même bus ; notre héro s'arrêta à Mbanza-Ngungu tout en regardant avec tristesse sa belle Angela poursuivre sa route pour Kinshasa

Arrivé à la résidence universitaire où il était logé, Dutronc était tout joyeux et préféra ne rien dire à qui que ce soit de la rencontre qu'il avait faite lors de son dernier voyage à Matadi. Il reprit le cours de sa vie estudiantine normalement sans que personne ne soupçonne quoi que ce soit. Cependant, il est toujours très difficile de cacher pendant longtemps le bonheur d'être aimé.

Deux semaines après son arrivée, une camarade étudiante qu'il connaissait bien et avec qui il ne collaborait pas s'approcha de lui et lui dit : « apparemment les nouvelles de ta copine ne te préoccupent jamais ? »

J'ai l'air de ne pas m'en souciais tu penses ? Lui répondit Dutronc.

Pas du tout répliqua la fille.

Et que devrais-je faire ? lui demanda Dutronc.

Tu pourras me demander : « as-tu vu ma chère Angela à Kinshasa ? Comment va-t-elle ? Lui dit la fille.

Surpris qu'il était, il dit à la fille : « N'exagère pas avec les termes. Déjà de qui parles-tu ? »

Oh camarade, lui dit la fille, tu n'as rien à me cacher. Il se trouve que ta chère Angela est ma nièce et en plus on se raconte nos histoires marrantes.

Ça va, je connais Angela mais je crois qu'une bonne explication éclairera les zones d'ombre.

Il n'y a aucune interférence. Ma nièce est une vraie cachotière qui a une balance dans la bouche. Elle ne dit pas n'importe quoi. Même si tu avais couché avec elle, elle ne le dira à personne. D'ailleurs son surnom c'est « Sainte Angela ». Seulement je me demande si tu ne serais pas un ange. Comment pouvais-tu témoigner d'une telle bonté à une personne qui t'es inconnue et certainement insensible ? C'est ça la nature de Angela, elle ne sait pas dire merci. Elle m'a raconté comment tu l'as assistée dans le train jusqu' à l'amener à l'hôpital aussitôt atterri à Matadi et enfin tu es allé la déposer chez son oncle qui est mon frère ainé et tout cela à tes propres frais !

Tu dois être descendant d'un ange. Une pareille bonté n'existe plus. J'ai parlé de ton histoire dans notre résidence universitaire, tout le monde était fier de toi. Sur ce, je t'invite demain soir et ne refuse surtout pas s'il te plait, j'ai déjà appris que tu es aussi Saint Dutronc, c'est juste ma façon de te dire merci.

Au jour j et n'étant pas habitué à ce genre de rendez-vous, Dutronc décida de se faire accompagner par son colocataire Sam. La réception était formidable ; à l'entrée ; il y avait des cakes et du jus de fruit. Deux heures après, ils étaient à table : haricots à la sauce tomate sauté au poisson fumé ; c'était le repas préféré des étudiants. Après le repas, ils ont parlé de la fac et de la vie en général. Mais aucun n'osa parler de ce qui les réunissait à savoir : « Angela. » Lors de la séparation, la tante eut le courage de dire à notre héros de venir seul prochainement.

En chemin ils avaient parlé de la réception et ont essayé d'évaluer le coût de la réception. Mais où est-ce que ces étudiantes trouvent de quoi à se comporter comme des riches ? Toujours bien habillées au quotidien, des repas luxueux, des sacs et habits de marque et j'en passe. Alors que les étudiants hommes, à quelques exceptions près ne cessent de rendre gloire au créateur des légumes. Et avec leur tenue fétiche composé d'un jean et d'un t-shirt.

Sam lui répliqua et lui dit : « Et toi, où trouves-tu tous tes bijoux en or ? »

Hum ! parlons d'autres choses lui répondit Dutronc.

Non, insista Sam parce qu'il y a des choses que je dois comprendre : tu n'as jamais parlé de cette fille, nous n'avons jamais appris que tu allais dans leur résidence. Subitement tu m'embarques jusques chez elle où on a été accueilli comme des petits princes. Pendant la manducation, elle s'est permise de t'essuyer la bouche ; avant la séparation vous prenez quelques minutes du petit au revoir. Là non plus, tu n'as rien à dire.

C'est comme tu le dis : « rien », lui répondit Dutronc.

N'oublie pas continua Sam, qu'il y a des signes qui ne trompent jamais. Tu me fermes ton trou de verbe, sache que l'avenir me donnera raison.

Et oui. Certains amours s'approchent toujours comme un chat qui veut attraper sa proie ; c'est dans le silence sans qu'on le détecte. Si Dutronc refusait de voir les choses en face, il avait un trop d'estime sur soi. Il était sûr qu'il ne tomberait jamais sur les bras d'une fille sans que sa volonté propre ne cède. Dans la vie, les plus incrédules sont généralement les plus fous dans l'amour. Il ne réalisait même pas qu'on est meilleur non pas quand on le pense, mais plutôt quand on le sait. Ignorer que l'homme est faible est une erreur. Il est vrai qu'il était intelligent, cependant il ignorait même la moindre notion des avances. Un homme expérimenté vaut parfois mieux qu'un homme intelligent sans expérience. Il ne pensait pas que l'amour a un pouvoir qui est capable de rendre heureux ou malheureux. Il ne savait pas non plus que l'amour a beaucoup d'influence sur le comportent de l'homme. On ne fuit l'amour que dans l'amour. Aucun homme n'a réussi à incarner parfaitement la chasteté, peut-être chez les femmes. Est-il bon pour un homme d'être ignorant de l'amour ? Non. Peut-être que l'amour est avant tout un devoir masculin. Malheureusement peu d'hommes sont conscients de leurs devoirs amoureux.

Après quelques jours Dutronc et la tante prirent l'habitude de se visiter régulièrement. Pendant ce temps son amour avec la nièce continuait à fleurir.

## III

Les jours passaient et les temps étaient durs pour Dutronc. Il fallait combiner la préparation des examens avec les cours. Dutronc croyait que cette fois-ci il ne sera plus à la hauteur. Il fallait être au cours toute la journée et le soir préparer la mi-session. Il n'était même pas possible de travailler en groupe. Il fallait nécessairement gagner du temps. Au second cycle de l'économie tous les cours étaient volumineux sans oublier les compléments de ces cours par des livres qu'il fallait consulter régulièrement à la bibliothèque.

Face à ce rythme de travail, l'amour commençait à peser. Il y avait des jours où il n'appelait plus son amour qui vivait à 120 km de sa chambre. D'habitudes, hormis ses camarades étudiants, il mettait ses connaissances en quarantaine pendant la période des examens.

Un soir il reçut un message touchant venant de sa chère Angela ‘’ même l'amour des muets n'est pas muet, ton silence me dévore. Ce message, même s'il était poignardant n'a pas réussi à changer le comportement de notre cher étudiant qui ne pensais qu'à sa réussite. En effet, il se disait toujours qu'avec sa renommée, il n'a pas droit à l'erreur.

Mbanza-Ngungu, ex Theys ville, était plus connu pour son climat exceptionnel par rapport à toute la province du Bas-Congo, le climat est généralement doux. Il y fait moins chaud toute l'année, sa température moyenne est généralement inférieure à 30 °C.

Ce matin-là, il faisait très froid. Le bouillard envahissait toute la ville et la visibilité était très faible. C'était une journée de recherche à la faculté des sciences économiques. Et puisque le climat renforçait le goût du lit, tous les étudiants étaient donc restés dans leurs chambres dans avoir la moindre envie de se rendre à la faculté. Alors que Dutronc causait avec son ami colocataire dans leur chambre, chacun couché sur son lit sous la couverture, ils entendirent des sons des souliers circulant dans l'un des couloirs de la résidence.

Dutronc, je pari que c'est une fille, lui dit Sam.

Une fille à cette heure et ce climat à la résidence des gars ? S'étonna Dutronc.

Silence dans la chambre, les deux gars se fixèrent, dressèrent leurs oreilles et finalement ''toc toc !''. A peine était-elle entrée dans leur chambre que Lisa qui est la tante de Angela déballa son colis, rangea leur petite table et leur servit le petit déjeuner. Un peu gênés à cause leur tenue de chambre et torse nue, les deux étudiants oublièrent vite leurs tenues magiques pour savourer la manne. Alors qu'ils mangeaient, la fille arrangea leurs lits et se mit aussitôt à cuisiner la viande qu'elle avait amenée.

Après le petit déjeuner, les deux étudiants entrèrent dans la salle de bain et commencèrent :

Sam regarda attentivement Dutronc avec un regard accusateur et ce dernier lui dit : « Mon frère, je n'ai aucune explication à te donner si ce n'est de te dire qu'il n'y a rien entre elle et moi.

Sam regarda de nouveau Dutronc et lui dit : « D'abord, à la fac. Vous êtes à la une, ensuite tous ses visiteurs savent que tes photos sont sur les murs de sa chambre et maintenant elle débarque ici sans même te prévenir… mais, si tu veux, je peux vous la chambre pendant un moment même s'il fait si froid dehors…

Pas si vite frangin lui répliqua Dutronc, ne pars pas s'il te plait, ça risque de tourner mal sans toi…

Saint Dutronc de quoi as-tu peur ? Elle t'allume, mais va à la soupe. Quoi de plus normal pour un homme digne de ce nom. Et en plus c'est une jolie fille.

Pas ça, c'est presque impossible. Tu ne peux pas comprendre ce qui nous lie

Crache le morceau mon gaillard, tu ne me fais pas confiance ?

Bien sûr, mais pour l'amour de Dieu garde ce secret pour toi. La manipulatrice est la tante de la fille avec qui je sors et c'est à travers cette dernière que j'ai fait connaissance de Lisa. Jusqu'à preuve du contraire je n'ai aucune bonne raison de rompre avec celle que j'aime. En plus je ne veux pas semer le trouble dans une même famille.

Tu sais que tu peux compter sur moi lui déclara Sam, Mais voyons les choses autrement ! sa nièce est à Kinshasa et toi ici. Moi, J'ai une petite amie à Matadi mais cela ne m'a jamais empêché de m'envoyer en l'air avec d'autres filles. Mon frère, vis ta jeunesse pendant qu'il fait encore jour.

Dutronc le regarda tristement et lui dit : « Tu as bien raison car c'est très probable que tous les hommes penseraient comme toi. Néanmoins, moi je vois les choses autrement. Je pense qu'un seul amour est déjà lourd à transporter. Vois-tu, on est là d'abord pour les études ; tout le reste vient après. »

C'est combien de tonnes pour toi ? lui répliqua Sam, Crois-tu que je te donnerai raison ? Dis-moi si tu as déjà obtenu autant de bonnes notes dans les épreuves comparer aux années antérieures ? Tu es donc incapable de comprendre la corrélation qui existe entre l'amour et les études. Tu ne te rends même pas compte que depuis ton arrivée de Matadi tu as beaucoup changé. Et je suis très fier de toi ! Ne crois-tu pas que l'amour t'as beaucoup manqué ? il faut grandir.

Dutronc lui répondit : « pour toi grandir, c'est donc faire ce que fait tout le monde sans juger si c'est bon ou mauvais ? Et moi qui te croyais être un bon conseiller ! Toutefois ce n'est pas grave, c'est l'occasion pour moi de te faire connaître combien tu comptes pour moi. Je ferai ce que veux, j'ai seulement besoin du temps.

Et il continue : « En entendant que ton tour arrive, arrange-toi pour que chaque semaine, je bénéficie de ses services une fois et cela gratos. »

Pauvre enfoiré ! s'exclama Sam, Espèce de matérialiste, tu ne vises que tes intérêts.

Je ne suis pas matérialiste lui répondit Dutronc, j'ai toujours saisi le bon côté des choses. Toi au contraire, tu vois les choses comme un gamin qui ne répète : quand je serai adulte, je ... l'avenir, c'est maintenant.

Ah bon ! Dans ce cas, la mort c'est aussi aujourd'hui...

Voilà, tu ne penses qu'à ce qui viendra. Tu ignores pendant que nous chuchotons ici et à quelques mètres de toi, il y a un gibier dans ton piège. Oh sens-tu la bonne odeur qui se dégage de cette viande ! Je vois que tu as besoin d'aide pour la transporter jusqu'au village. Et ton compagnon de tout le temps est prêt à te servir. Eh mec, une chose, jure sur ton gros zizi que tu ne le feras pas aujourd'hui.

Oh ne t'inquiète pas, lui dis Dutronc, tu sais très bien que j'ai maîtrisé la théorie de jeu, alors laisse-moi jouer seul sans me souffler quoique ce soit.

Ok, Je jure sur ton petit zizi que j'arrête de te souffler quoi que ce soit si seulement tu me promets de la faire venir ici pour le même service dans trois jours.

Pourquoi aimes-tu toujours tricher dans tes victoires ? Tu ne sais donc jamais jouer et gagner par ta sagesse et ton intelligence. Dans ce cas, elle ne reviendra ici que dans cinq jours si tu me promets de te comporter en enfant de Dieu.

Trois jours et je serai moins bavard, sinon tu peux faire les simulations de la suite.

C'est cinq jours, insista Dutronc et de toute façon je ne suis pas amoureux d'elle. Raconte tout ce que tu veux monsieur le haut-parleur.

Lisa resta avec eux jusqu'au soir, ils passèrent la journée à jouer aux cartes et à suivre des films. Dutronc la raccompagna tout naturellement jusqu'à l'arrêt. Ce soir-là, en chemin ils parlèrent de l'amour et elle n'hésita pas de lui dire qu'elle aime être caressé jusqu'à l'extase. En retour Dutronc répliqua qu'il adorait aussi être caressé tout en ignorant jusqu'où un tel sujet pouvait les amener.

Arrivé au lieu de la séparation, Lisa lui demanda : Tu ne m'embrasses pas ?

Ne sachant quoi faire ou dire, il se repentit d'avoir ouvert ce chapitre. Il n'en revenait pas. Il n'était jamais tombé aux mains d'une fille par séductions et ce, quel que soit le degré. Lui qui était réputé saint, contenant devant le sexe, réservé devant les filles venait de comprendre qu'il n'était qu'un homme comme tout autre. Il pensa à ce que Sam lui disait le matin, à ce qu'un autre ami John lui avait dit un jour. C'était vite arrivé. Il était plongé dans la réflexion ne sachant même plus qu'il était en chemin bordé d'herbes et d'arbres.

Une voix soudaine le fait revenir dans le monde réel et lui tendit une lettre. Arrivé à la résidence, il entra dans sa chambre, ferma la porte et se jeta au lit et ouvrit enveloppe.

Mon chéri,

Pardonne-moi pour la remarque de la fois passée, je sais qu'on ne peut pas aimer un étudiant sans aimer ses études.

Je suis la fille que tu as croisée dans l'un de tes parcours et de qui tu es tombé amoureux.

Je suis celle à qui tu as dit ''je t'aime'' et qui a reçu cette phrase de tout son cœur et qui t'as cru d'un seul coup. Je suis celle qui croit en ton amour dans toutes les saisons. Je suis celle qui réjouit ton cœur quand tu l'entends, tu la lis, quand tu penses à elle. Je suis celle dont la présence n'est jamais assez pour toi. Je suis celle qui pense que tu es le plus charmant de tous les hommes. Je suis celle qui t'aime au-delà des frontières et de la distance qui nous sépare. Je suis aussi celle à qui tu as dit '' Je raconterai notre histoire à ceux qui chercheront l'amour, je parlerai de toi comme je l'ai fait pour ta précédente et j'embellirai notre amour tant que nous nous aimerons.'' Je suis et je demeure celle qui est prête à te satisfaire … de son mieux.

Je suis celle qui croit que tu es précieux et rare, et que te perdre équivaut à ne plus croire en l'amour. Je m'appelle ta compagne, ton âme sœur, ton amour.

J'ai très envie de te revoir, t'écouter de vive voix, te chérir… Essaie de faire l'impossible malgré tes multiples occupations. Le son de ta voix me manque.

La renommée de ta relation avec ma tante a pris de l'ampleur et les échos sont arrivés jusqu'ici. Je te connais bien, j'espère que tu n'es pas tombé dans le piège de cette manipulatrice. Celle-là, elle ne sait pas ce que veut dire choisir un mec, elle maîtrise plutôt la notion de piquer les mecs d'autrui. Ne cède pas s'il te plait. Je n'ai pas connu un seul homme qui a résisté à ses charmes et séductions.

Je le répète : s'il te plait ne me déçoit pas.

Je t'aime encore.

Angela.

Dès qu'il finit de lire la lettre, il pensa à ce qui venait de se passer ce soir-là, il pleura et décida de faire un aller – retour dès le matin à Kinshasa.

## IV

Très tôt le matin, il prit un taxi et s'engagea dans ce chemin d'une heure et trente minutes. Arrivé à Kinshasa, lorsqu'il vit la fille au rond-point Ngaba (terminus de bus), il sentit un extrême bonheur qui l'a fait trembler visiblement et après une seconde de concentration, il s'approcha en souriant.

Bonjour ma chérie

Bonjour bel inconnu, on ne s'embrasse pas ?

Il s'approcha d'elle calmement, lui souffla d'abord à l'oreille je t'aime à l'infini et saisi tendrement ses lèvres et la relâcha doucement. On prend quelle direction ?

Où tu veux on s'en ira, c'est ton fief non !

Je t'emmène alors chez nous.

Chez vous ? Sous quel prétexte ?

Le voisin à l'oncle matadienne bien sûr ! Le chauffeur nous attend.

C'était une grande parcelle à Livulu, un des quartiers résidentiels de la capitale congolaise. La parcelle était grande d'environ six cent mètres carrés. On y trouvait une belle maison à étage. Avec un grand jardin qui entourait la piscine comme cachée sous les bois. Le décor de la parcelle était sublime. Elle devrait être certainement conçu par un grand architecte, dans un endroit élevé, il avait des arbres fruitiers sous lesquels il y avait des paillotes, un ruisseau traversait les arbres et allait se jetait sous forme d'un torrent dans la piscine. Au fond de la piscine, on croirait du vrai sable de mer et des grosses pierres qui reflétaient quelques peu les rayons solaires. Dans la parcelle, il n'y avait que des domestiques. Dutronc ignorait en effet qu'il avait affaire à une benjamine dont la majorité des frères et sœurs étaient en dehors du pays.

Face à un tel paradis, il ne se gênait pas de quitter le siège qu'on lui avait présenté pour respirer l'odeur naturel du jardin. C'était très beau à voir mais au fond de lui, il avait peur parce qu'ils n'étaient qu'à deux. Il lui arrivait souvent de songer qu'elle lui saute dessus et le pousse à le faire. Il s'approcha de cette piscine qui ressemblait à un vrai lac.

Or la lionne n'était pas si prête dévorer sa proie. Parce qu'elle savait que ses parents étaient en voyage et que le cousin avec qui elle était restait ne rentrerait que le soir.

Ne te gêne pas, sois à l'aise. Tu veux nager ? Non, je veux plutôt prendre bain. J'ai beaucoup transpiré dans la voiture. A peine fermait-il le robinet de la douche que la belle princesse frappa à la porte de la douche vitrée de sa propre chambre. Toujours gêné, il tira la porte et regarda la fille

S'il te plait Dutronc détends-toi, je n'ai pas envie. Je suis seulement heureuse de te revoir. Ça se voit bien que tu es désemparé ! Ce sont des nouveaux habits que je t'apporte. Tes habits sont mouillés de sueur et ils sont déjà au lavage, tu les aurais avant de partir.

Après quoi, ils se retrouveraient à table entrain de déjeuner en silence.

Voyons, donc ! Tu n'as pas droit de garder silence ce n'est parce que j'ai vu ta machine à plaisir que tu ne dois plus parler. Je te rappelle d'ailleurs que c'est dans mes droits en que ta copine de le voir. Et l'inverse est aussi valable. Du moins j'avoue que ton corps est encore plus beau que ta figure, comment j'ai réussi à faire un choix si parfait ?

Et dis mois comment j'ai fait pour mériter une princesse aussi riche que toi ?

Ouf ! Monsieur parle enfin. Et je crois qu'on doit en profiter pour parler des choses sérieuses.

C'est quoi les choses sérieuses pour toi ? L'amour bien sûr !

Mais tu avais dit que tu n'avais pas envie !

Je ne change pas d'avis, je voulais juste connaitre ce que tu adores le plus quand tu fais l'amour ?

Après une minute de silence, il sourit et dis sincèrement j'adore qu'une langue touche mon prépuce et je ne me gêne pas de faire autant pour l'autre.

And You ?

J'aime quand mon cavalier se laisse faire et me donne l'opportunité de lui faire voir de quoi je suis capable. J'imagine comment ce serait ce jour-là, je visiterai certainement les portes du ciel. Surtout que je ne fournirai pas beaucoup d'efforts.

Sans blague ! s'exclama Dutronc

Elle continua :

Je t'aime parce que tu ne te gènes jamais quand tu es avec moi. ?

Pour quelle raison me gênerai-je ? lui répondit Dutronc, je ne suis pas aussi timide que toi, je sais toujours très bien jouer mon rôle là où il le faut. Et, le jour que tu viendras me rendre visite à la résidence universitaire, aimerais-tu être reçue comme tu l'as fait pour moi ?

Auras le souffle de le faire ? lui répondit Angela, j'aimerai être reçue comme une étudiante et on parlerait des cours bien sûr, à coté de quelques activités para académiques.

S'il te plait, quel as-tu ? Lui demanda Dutronc.

Ton âge moins quatre ans.

Mais pourquoi tu n'étudies pas ?

On n'en parlera quand je serai chez toi et elle continue :

Tu sais, la première fois que je t'ai vu, j'ai pensé à un belge qui m'a dragué à mort à Bruxelles.

Et pourquoi ça a marché avec moi sans contrainte ? lui demanda Dutronc.

C'était le jour j à l'heure h au bon endroit. Heureusement aussi pour moi que je réalise aujourd'hui que le choix est bien à la hauteur de mes exigences sinon…

Sinon quoi ? Parfois il faut juste essayer. Une femme ne doit pas être trop coller aux principes répliqua Dutronc. Crois-tu que j'ignore que je suis le genre de viande que tout le monde aime croquer ? Lui questionna Angela, Sans principe que deviendrai-je ?

Je comprends mais, dès qu'on est amoureux, nos actes ont l'obligeance de se référer à l'avis de l'autre ! Je jure que je l'ai toujours fait pour toi, mais cela ne m'interdit pas de te faire montre de mes façons que tu dois aussi supporter ? Je t'ai toujours supporté comme une sœur cadette, c'est pourquoi même je te fais rarement des reproches. Pendant ce temps, tu te crois toujours parfaite.

N'en profites pas pour me rappeler mes défauts, je sais que je ne suis pas parfaite et que tu es très tolérant envers moi.

S'il te plait, peux-tu me faire visiter votre parcelle ?

Oui bien sûr, commençons par le jardin de fleurs, c'est ma mère la directrice, elle a un diplôme en horticulture, c'est pourquoi la présence des arbres fruitiers. La piscine comme tu vois, elle existait déjà mais quand j'ai terminé mes études j'ai proposé un plan que mes parents ont adopté voilà pourquoi elle apparait toute neuve.

L'eau ruisselant les arbres pour se jeter à la piscine c'est donc ton idée ? bien sûr répondit Angela.

Pour les arbres fruitiers, c'est chaque enfant qui en a choisi un, on peut approcher…

Et toi, t'as choisi quoi ? Elle lui prit par la main, l'amena sous le pommier l'attira contre elle et l'embrassa longuement. Lorsqu'elle le lâcha, Dutronc dit : « mon heure est arrivée et je dois rentrer car le chemin sera long pour moi. »

Elle le raccompagna au rond-point Ngaba pour prendre un transport pour Mbanza-Ngungu. Il prit un taxi vers 15 heures.

Aussitôt séparés, elle croisa l'un de ses voisins Robert qui s'écria où vas-tu avec tes bagages ? Je croyais que nous partions dans une même destination quand je t'ai vue avec Dutronc.

Ah ! le monde est trop petit si bien qu'il n'y a pas de secret s'étonna Angela, mais d'où le connais-tu ?

Mais nous sommes de la même promotion ! lui répondit Robert, c'est plutôt à moi de savoir ce qui réunit Matadi et Kinshasa.

Ça tombe bien. Ça depuis un bail que je sors avec ce type et je l'aime vraiment mais j'ai des échos qu'il a une autre candidate à Mbanza-Ngungu. Veux-tu être mon éclaireur là-dessus ?

Tu sais que tu peux compter sur moi petite-sœur. Je te guiderai sur le droit chemin.

Bon voyage, je compte sur toi.

Robert prit la voiture suivante. En effet, Robert savait qu'il s'agissait de Lisa qui est sa voisine Mbanza-Ngungu.

En chemin, Dutronc pensait moins à la sublime maison qu'elle venait de visiter, il pensait plutôt au bon moment passé sous le pommier. Il pensait à tous les gestes posés par sa campagne qui apparemment était prête à tout. Après s'être tirés lentement des langues, Elle lui souleva son t-shirt, déboutonna sa chemise, posa les tétins sur son torse. A cet instant précis il avait l'impression de rêver, Dutronc lança tout doucement un cri : ahah. Elle lui lécha le torse et mordilla les mamelons de ce beau torse au teint clair. Et comme un bébé dans les bras de sa mère Dutronc se laissa faire. Puis subitement il sentit une petite chaleur dans sa verge qui s'érigeait dans la bouche de sa compagne. Il ferma les yeux respira profondément jusqu'à ce que l'irrigation soit faite. Tout doucement, il dit ''merci''. C'était comme un rêve car il ne s'attendait pas à un tel moment étant donné que la fille lui avait déjà dit qu'elle n'avait pas envie.

Elle renferma son pantalon et le serra encore fortement contre elle. Et là, Dutronc un peu enragé, s'empressa de l'embrasser sérieusement sur la bouche comme un homme assoiffé. Elle lui chuchotait, je savais que tu finiras à le faire comme un enfoiré.

Plutôt comme un homme mur ! Ouf ! C'était comme une visite guidée au paradis.

Il s'éclata tout seul de rire après avoir pensé à ce qui vient de se passer. Et, quand tous ses compagnons de voyage lui demandèrent ce qui se passait, il leur répondit : C'est une histoire personnelle s'il vous plait ! Et soudain, tout le monde se mit à rire aussi.

Alors bien que ton rire soit personnel il faut avouer qu'il est contagieux. Mais je parie que c'est une histoire d'amour insista un des voyageurs. C'est entre keum… mon pote parle de la bonne version.

Désolé de vous décevoir, c'est bel et bien une histoire d'amour mais il ne s'agit pas de ça.

Le voyageur continua :

Prends ton temps frangin, le présent n'existe pas, le futur c'est déjà aujourd'hui et demain c'est la mort. Baise lorsqu'il le faut et faites ça bien quand tu en as l'occasion. Et tu comprendras la valeur de l'homme mieux que la science la déclare : il est bien au-dessus de toutes les créatures !

Remarque que les hommes en soutane sont bien en dessous de femme.

Et pourquoi ?

C'est simple, les femmes portent les pantalons à leur place et eux portent la robe.

Fais gaffe lui répliqua Dutronc, ce sont des hommes de Dieu, toi par exemple, je présume que pour toi l'amour c'est le sexe. Et lorsque tu y es c'est un vrai combat !!!

Regarde-moi très bien lui dit le voyageur j'ai un bel air mais mes pieds ont un grand défaut suite à un accident. Les médecins ne me donnent pas une grande chance de vie. Après mon accident j'ai été paralysé des pieds. Tous mes besoins, je le faisais sur place. Les gens ont raconté n'importe quoi sur moi en disant que c'était un mauvais sort que je méritais suite à mon comportement. Aujourd'hui je marche quand même et je sais que je n'ai pas une longue vie.  Pour, le temps c'est de l'or je l'utilise essentiellement en procurant tous les plaisirs que je peux. J'aimerai mourir avec des bons souvenirs. Et le sexe, c'est mon préféré et je t'apprends que je suis bisexuel je me fous de dire des autres.

Dutronc lui dit alors : « Toi, tu t'aimes plus que n'importe qui et n'importe quoi. Et pourtant, tu avais la possibilité de voir les choses autrement. Puisque tu n'as pas assez de temps fonder vite une famille.

Et laisser après une veuve avec deux orphelins, non, lui répondit le voyageur, je passerai sans laisser des traces mais heureux, ça vaut la peine. Mais voyons, toi-même, tu ignores ce qui peut t'arriver pendant ce voyage pourquoi ne pas profiter de ta jeunesse.

J'ai un amour et mes études, je crois que cela me suffit lui dit Dutronc.

Un autre voyageur réagit alors en disant à Dutronc : « T'en fais mon petit, ne suis pas ce type qui prêche son homosexualité pour attirer des jeunes comme toi. Tu ne te rends même pas compte qu'il te désire, c'est un carnassier. Fais gaffe. »

Je n'ai jamais eu peur des gays, lui répondit Dutronc, je ne les hais pas non plus. Au contraire je respecte la couleur qu'ils ont choisie et j'aime aussi qu'ils respectent la mienne.

Sans blague, tu réponds à mes critères. Un homme comme toi dès que l'obtiens, c'est pour la vie et sans à côté. Franchement, les hommes ne te font jamais des compliments ? lui demanda le voyageur.

Les compliments des hommes sont des simples salutations pour moi.

Je vois que tu es vraiment innocent, c'est pourquoi même je t'aime. Accorde-moi une chance s'il te plait. Je suis Placide, dit le voyageur. Et toi ?

Je t'en prie, j'en assez avec tes Bla-Bla-Bla réagit Dutronc. Je t'ai reconnu en entrant quand j'ai vu que tu portais des boucles d'oreilles et le modèle de tes bijoux.

Mais t'as fait semblant ? lui demanda placide. J'aurai dû donner une bise à l'homme le plus beau du monde. Va te faire enculer ! lui répondit Dutronc.

Merci, sauf qu'il n'y a personne ici pour m'enculer. Plus tu parles, plus je t'aime. Tu ne veux pas essayer une seule fois.

Ne perds pas ta salive mon grand, je suis fidèle à ma meuf que j'aime plus que tout au monde. T'es venu en retard, malheureusement.

Dans ce cas, je viens de rater ce que je pourrai rattraper demain ou après-demain.

Assez mon Gard, laisse notre jeune frère penser au bon moment qu'il vient de passer à la capitale, ne penses-tu pas que le chauffeur te convient ? lui demanda un autre voyageur.

Mais pourquoi s'éclata Placide en d'adressant au conducteur en ces termes : « Bonjour chauffeur, que vous êtes joli, que vous me semblez beau sans mentir sur ton machin presque visible ! »

Grossier type lui le conducteur, ce machin est capable de décomposer ton cul en facteurs. Encore un mot, je renverse la voiture !

Tout le monde se mit à rire aux éclats, le chauffeur y compris.

L'ambiance du voyage poussa les cinq voyageurs de s'arrêter un moment dans un village, prirent de casses croutes et continuèrent leurs chemins dans une ambiance amicale.

Il était dix-sept heures et le vent était déjà froid. A peine descendait-il de la voiture qu'elle aperçut avec étonnement que Lisa était au terminus de bus et l'attendait certainement. En effet, elle venait de raccompagnait une de ses amies qui habite à Kisantu (une petite ville urbano-rurale située à 30 minutes de bus de Mbanza-Ngungu) qui venait de partir depuis trente minutes mais elle jugeait bon d'attendre un peu, il se pourrait que…et son rêve se réalisa.

Aussitôt vue, la joie disparut vite du visage de Dutronc qui venait de passer un merveilleux voyage. Il changea directement de Direction suivi ses compagnons de voyage qui décidèrent d'aller partager un verre ensemble pour tout finir bien.

Lisa toute confuse ne put comprendre pourquoi et comment son héros l'a évitée pour une fois. Et, heureusement, contre toute attente, Dutronc ignorait totalement que Robert avait pris le transport juste après lui et que le véhicule qu'il a pris vient juste d'arriver au terminus. Et Robert, qui venait aussi d'arriver suivait de loin tous ces mouvements.

--------------------------------------------------

Le soir du lendemain, Lisa se fit très jolie et alla rendre visite aux garçons. Puisqu'elle marchait avec toutes les bénédictions de la déesse de l'amour, elle trouva Dutronc seul dans la chambre. Sans frapper à la porte, elle fit une bise à Dutronc, ce dernier voulu riposter mais il fit emballer par l'odeur du parfum sans trop percevoir la personne.

Lorsqu'il leva les yeux, il vit Lisa dans sa splendeur si bien qu'il n'eut aucune envie de lui dire de s'en aller. Au contraire, il ferma ses notes et commençaient à dialoguer. Dutronc commença par s'excuser pour son comportement du hier et Lisa lui fit savoir que ça ne comptait pas pour elle. Du coup elle ouvrit son sac et lui remit un cadeau emballé : c'est pour toi.

Il ouvrit le paquet et trouva un parfum de fortune sans trop réfléchir il s'approcha, embrassa Lisa qui le serra dans ses bras pendant cinq minutes.

Mon cher Dutronc, rien ne t'interdit d'aller un peu plus loin.

Je sais mais j'ai beaucoup lu j'ai le cerveau fatigué, en plus ....

Aucun de deux ne savait qu'il y avait quelqu'un qui suivait leur conversation dans la chambre voisine. C'était Robert.

Il n'avait même pas terminé sa phrase que Lisa le rattrapa et ils se jetèrent au lit et s'embrassèrent follement. Mais lorsqu'elle a voulu lui faire la pipe Dutronc, se ressaisit et se rhabilla, se mit tout près de la table sans rien dire.

C'était juste le moment où Robert lorgnait sur les vitres. Il vit Dutronc avec un pantalon baissé repoussant la fille. Il rentra vite dans la chambre voisine.

Elle resta quelque minutes seule au lit et finalement se rhabilla et s'assit. A cet instant, Sam ouvrit la porte et entra. Il regarda Lisa sans dire un mot s'approcha et l'embrassa par la bouche.

Eh Sam, cria Dutronc, tu perds la tête ou quoi !

Je te prie de m'excuser Dutronc, je n'ai pas pu me contenir...Mais Lisa qu'est-ce que tu es belle !

De rien, sois calme répondit Lisa, c'est juste une tenue relaxe pour le soir. Et je t'attendais pour vous donner ce que je vous ai apporté ; des cakes.

Ouf, s'exalta Sam, ça ne vaut pas plus que ta beauté mais ça vaut quelque chose, alors je m'en vais acheter de la boisson sucrée, nous les prendrons ensembles pour sceller cette belle soirée.

Lorsque Sam s'éloigna, Dutronc reprocha Lisa d'avoir permis à Sam de l'embrasser par la bouche.

Mais sois mature Dutronc, c'est juste une salutation, d'ailleurs pourquoi tu dois être jaloux de ce que tu sembles détester, ça m'étonne !

Lorsque Sam arriva, ils prirent la boisson avec des cakes. Ils ont eu un bon moment de conversation et passèrent une belle soirée ensembles. Cependant Dutronc refusa de raccompagner Lisa, ce que Sam trouva comme un cadeau du ciel.

Dutronc se posa beaucoup de question : pourquoi Lisa peut-elle me draguait jusqu'à ce point ? Et pourtant elle sait très bien que je sors avec sa propre nièce ? se questionna Dutronc. Après plusieurs réflexions il ne trouva pas de réponse quand soudain quelqu'un frappa de nouveau à la porte.

Ouvrant la porte, il se rendit compte c'était un autre emmerdeur, « Placide. »

Entre mon vieux lui dit Dutronc, peut être que tu m'aiderais à résoudre quelques équations mais ne m'emmerde pas avec ta folie, je t'en supplie.

C'est quoi ton équation.

La fille dont je vous parlais dans la voiture, sa tante me drague terriblement et pourtant elle sait très bien que je sors avec sa nièce. Pas plus tard, je dirai plus ou moins une heure, elle est venue ici toute sexy et m'a dragué au point où j'ai failli même coucher avec elle. Peux-tu m'aider à comprendre ce qui se passe ?

Ouah, je croyais être seul, or nous luttons à trois pour un trophée ! Je te parie que c'est un règlement de compte, lui dit Placide.

Comment un règlement, ma copine m'a dit n'avoir jamais été amoureuse avant ! Se demanda Dutronc.

Je te jure, poursuivit Placide, que seule la vengeance peut expliquer un tel comportement et si tu ne fais pas attention, c'est toi qui risques d'être la victime de cette guerre. Sonde bien ta copine, elle doit en savoir quelque chose.

Et si elle refusait de dévoiler un secret qui est certainement familial, que ferai-je ? lui demanda Dutronc.

Passe par ses proches de l'enfance, lui dit Placide.

Ça n'existe pas chez elle, elle m'a toujours dit que lui et sa famille sillonnaient le monde… et qu'elle n'a vraiment presque pas d'amies...

C'est faux, les femmes ont toujours quelqu'un chez qui elles confessent leurs péchés. Il peut s'agir d'un garçon pour donner…juste pour l'impression d'être une fille unique en son genre.

Tu réfléchis si correctement, je m'en doutais. Je crois qu'il est temps pour moi de commencer des recherches. Déjà sa tante vient souvent à Matadi et elle, ne connaît presque pas Matadi.

C'est déjà une piste, lui dit Placide, quand tu seras à Matadi, tu n'as qu'à suivre ses traces, tu sauras peut-être quelque chose. Je dois déjà partir.

Merci Placide, tu m'as été d'une grande importance cette soirée.

Alors n'oublie pas ma demande ! insista Placide tout en quittant Dutronc.

Tu sais très bien que je ne suis pas doué en la matière lui dit Dutronc, je trouve que Placide a raison. Et je crois que je dois aussi sortir faire un tour.

En chemin, Robert croisa Lisa et Sam en train de s'embrasser. Il se demanda alors de quelle planète pouvait venir une telle créature.

# V

Des jours passèrent et Lisa resta en suspens.il fallait bien attirer encore l'attention de Dutronc. Suis-je allée trop vite pensa-t-elle, de toute façon, je ne lâcherai pas. C'est un bon garçon et vacant au lieu où nous sommes. L'occasion faisant toujours le larron, Lisa devrait fêter son anniversaire dans une semaine.

Elle alla contacter un restaurant et réserva douze places. Elle eut un entretien avec le maitre cuisinier pour que le repas d'anniversaire soit servi sur une seule table à douze places dont cinq à gauches pour cinq garçons et cinq à droite pour cinq filles et deux chaises devant pour le couple d'honneur. Cependant aucun invité n'était informé d'une telle organisation.

Le jeudi à la faculté, Lisa s'approcha de Dutronc et lui dit : « que me reproches-tu ? Sais-tu que mon anniversaire c'est ce samedi ? »

Bon sang, mais j'ai dû oublier, répondit Dutronc, et continua, tu sais très bien que ce samedi j'ai une extra session du cours de statistique, un cours ayant une pondération élevée, je n'ai donc pas droit à l'erreur.

Que voulais-tu insinuer, lui demanda Lisa, que tu seras en retard et tu n'auras pas le temps de me chercher un cadeau. Elle poursuivit en lui disant : « Ta présence vaut mieux que tout, même en retard, il faut venir. Nous serons au restaurant les DELICES DE LA GRACE à partir de 7 heures du soir (un très joli petit restaurant quand même).

Puisque l'épreuve aura lieu dans l'après-midi, Dutronc termina son examen à 6 heures du soir et il était même le premier à sortir de la salle. Sans réfléchir ni tarder, il se dirigea vers le marché. Malheureusement à cette heure les grands magasins étaient déjà fermés. Il sillonna quelques petites boutiques ouvertes à cette heure mais rien ne l'intéressait. Soudain, il se souvient d'un pullover qu'il possédait que Lisa lui demandait toujours. Il courut vite à sa résidence, prit l'habit et alla chercher un pressing express et finalement vers 8 heures du soir, le cadeau fut emballé. Enfin il se dirigea au lieu du rendez-vous.

Aussitôt entré dans la salle, il fut impressionné par le décor de la table où se trouvait ses camarades. Il vit à sa gauche six garçons dont un était bel et bien Robert assis sur une table et à droite six filles. Ils portaient tous des chemises blanches. La table était couverte d'une nappe blanche avec six bouquets de fleur alignés au milieu de la table portant des fleurs vert-blanc. Les bouquets étaient séparés par des bougies et le vin blanc était déjà servi. Malheureusement pour lui, il portait une chemise bleu ciel simplement parce qu'il n'a pas eu le temps de lire son invitation. Et curieusement à son entrée tout le monde applaudit et un protocole le conduit et le plaça à coté de Lisa. Malgré son grand étonnement et un peu de honte qui l'envahissait, il répliqua par un sourire joyeux, embrassa Lisa qui portait une chemise vert clair et lui remit alors son cadeau.

Il n'y avait rien à commenter, rien qu'à voir, on pouvait facilement déduire qu'ils sortaient ensembles. Après avoir bu et mangé ils dansèrent la rumba deux à deux. Le zouk, le rap et enfin la cadence congolaise. C'était très bien, au-delà de tout entendement. Vers 23 heures ils rentrèrent deux à deux bras dessus bras dessous, Dutronc, un peu sous l'emprise de l'alcool, le faisait assez bien et a presque été à la hauteur du jeu si nous pouvons le dire comme ça.

Robert prit quelques photos pendant la danse alors que Dutronc était déjà un peu hors de lui avec l'alcool. Il les suivait discrètement jusqu'à une résidence des filles où il (Robert) avait négocié une chambre avec une camarade étudiante.

Leurs mains pleines de cadeau, Dutronc et Lisa se dirigèrent tout droit chez Lisa où il passa inconsciemment nuit. Nul n'est besoin de commenter une pareille nuit, c'est bien trop facile à imaginer.

Lorsqu'il ouvrit les yeux, il comprit vite qu'il n'était pas chez lui et n'avait sur lui qu'un caleçon. Jeta les yeux à droite, l'autre était devant ses notes. Sans même dire un bonjour, il se leva, se rhabilla et lui dit, il faut que je parte à ce soir.

Merci pour tout, lui répliqua-t-elle. Tu es ce dont on ne peut jamais s'en débarrasser, un divin trésor.

Robert aussi sortit et le suivit

En chemin, Dutronc pensait à la soirée et à une nuit où il ne se souvenait absolument rien. Il n'en revenait pas. Il était pris au piège et n'a su comment s'en sortir. Y avait-il encore à dire, c'était bien clair qu'il venait de faire l'amour avec une fille qu'il ne fallait pas. C'était trop dur pour lui. Il sentit une profonde tristesse l'envahir, il pensa à sa chère Angela qu'il venait de tromper une semaine après l'avoir embrassée.

Il avait de plus en plus de maux de tête en avançant. Lui qui est réputé être si sérieux, intelligent comment a-t-il pu faire comme les autres. Était-ce la faute d'un amour à distance ? Peut-on vraiment gérer un amour à distance en toute franchise ? Peut-on vraiment échapper à l'amour quand on en a souvent besoin sans en trouver ? Même si tel était le cas, fallait-il le faire avec la tante de ma copine ? Et si elle l'apprenait, comment réagirait-elle alors qu'elle m'avait averti ? Suis-je vraiment coupable ? Cette manipulatrice a tout planifié dès le départ elle savait bien que je ne prends pas l'alcool mais elle m'a convaincu jusqu'à me souler. Je viens donc être victime d'un viol ! Dutronc eut vraiment honte et pitié de lui-même et pensa que c'était un manque à gagner que de perdre sa chasteté en pleine inconscience et en plus avec une personne qu'il déteste.

Plongé dans les pensées, il avait de plus en plus mal à la tête lorsqu'il entendit des cris autour de lui. O pauvre Dutronc, le bonheur des uns fait toujours le malheur des autres, il venait d'être renversé par une voiture et perdu connaissance.

Robert fut le seul à vivre la scène en direct.

-----------------------------------------------------

Une fois de plus il ouvra ses yeux et se rendit compte qu'il n'était pas dans sa chambre et portait une autre tenue. Et cette fois-ci il fut troublé, il sentit très mal dans la totalité de son corps et les larmes lui coulèrent. C'était déjà le soir. Il demanda son portable et appela Angela en pleurant

Comment vas-tu ma chérie ?

Mais qu'est-ce qui se passe ?

J'ai été renversé par une voiture dans la nationale, c'est tout ce dont je me souviens.

T'es fracturé ?

Non, mais je ne peux pas bouger, j'ai mal partout

Mon chéri (en pleurant également) ne t'en fais pas ça va passer, je vais demander permission à mes parents pour que je vienne le plutôt, je t'aime mon amour.

Je t'aime aussi, tu me manques, viens me voir s'il te plait.

Je viendrai mon cœur, sois fort, mon cœur est si prêt du tient et tu as tout mon soutien, je t'embrasse.

Il regarda Sam, son colocataire, le supplia de ne pas informer Lisa. Et s'endormit.

Sam en profita pour aller chercher à manger. Il s'imagina que chez Lisa, une telle nouvelle ferait qu'on s'occupe bien de lui. Il arriva chez elle les yeux tout rouge et serra Lisa contre elle.

Qu'est-ce qui se passe ?

J'ai très faim, donne-moi à manger et je te dirais ce qu'il y a.

Elle s'empressa de lui servir les légumes avec des poissons grillés. Après avoir rempli son ventre comme tout bon flatteur, il s'expliqua.

Hier, Dutronc m'a dit qu'il se rendait à ton anniversaire et, à ma grande surprise, il n'était pas revenu. Je me suis beaucoup inquiété parce qu'il n'a jamais découché. Le matin, j'ai appelé tous ses camarades mais en vain. C'est seulement ce soir que j'ai eu le coup de fil de l'Hôpital Général pour m'annoncer qu'on avait besoin d'un garde malade.

Qu'est-ce qui s'est passé ?

Il a été renversé par un gros véhicule sur la nationale je ne sais quand et comment ! Je crains qu'il ne soit transféré à l'hôpital Saint Luc de Kisantu à 30 minutes de voiture de Mbanza-Ngungu. Il ne parle même pas, il a seulement longuement pleuré et s'est endormi, j'en ai profité pour venir t'aviser.

Merci mon frère, laisse-moi le temps de me préparer.

Non l'heure de visite est déjà finie, passe demain matin et emmène-nous un déjeuner consistant, imagine qu'il n'a rien mangé aujourd'hui.

Mon pauvre Dutronc s'insurgea Lisa, je lui dis souvent de faire attention lorsqu'il n'a pas ses verres.

Mais que font ses verres ici ? demanda Sam.

Il les a oubliés dans la salle de fête hier soir.

Même son pull ? C'est bien bizarre. Je crois qu'il devrait déjà être malade avant d'être renversé. Son épreuve de statistique l'a surement bouleversée.

Dès que Sam quitta Lisa, celle-ci resta dans la réflexion pour essayer de comprendre ce qui venait de se passer. Elle sortit de sa chambre et alla se renseigner auprès d'un vendeur du coin. Ce dernier lui confirma qu'un étudiant venait d'être renversé par un véhicule vers 6 heures du matin à 10 minutes de l'endroit où ils étaient. Elle se rendit vite compte c'était au moment où Dutronc venait de quitter chez elle. Elle se souvient qu'il n'était pas sorti avec un air satisfait. Il sortait précipitamment si bien qu'il avait oublié ses verres. Elle comprit qu'elle en était responsable étant donné que Dutronc n'a pas apprécié tout ce qui s'est passé. Ce n'était pas tout de même une raison de se donner la mort, pensa-t-elle. Elle sourit et dit : « j'ai le devoir d'aider ce petit mignon géni à grandir. D'ailleurs jusque-là, je m'en sors bien. »

Les femmes, même si nous les classerions après le crapaud, ne les sous-estimons pas. Elles savent plus les faiblesses des hommes que les hommes n'en savent sur elles. Elles sont des couteaux à double tranchant. Et elles sont capables de rendre à la fois heureux et malheureux. Un homme qui sous-estime une femme n'a peut-être jamais rencontré les venimeuses. Mais je vous jure que ceux qui ont la malchance de croiser Lisa ont tous compris qu'elle est une bombe anatomique qui attire le sexe opposé. Elle est capable de vider les poches, les verbes, la force et l'estime, c'est vraiment une bad-girl et un personnage diabolique. Elle est celle qui ne séduit pas les hommes mais plutôt qui les défient. Elle est sûre de ses armes qu'elle met en évidence pour atteindre ses objectifs. Il s'agit là d'un homme-féminin.

Très tôt le matin, elle s'amena à l'hôpital avec un panier et un thermos. Elle se renseigna pour savoir là où j'ai été interné. Après avoir trouvé ce pavillon, Sam était là avec moi. Elle frappa à la porte et à son entrée, elle commença par m'embrasser et essaya de fournir en vain l'effort de m'embrasser par la bouche.

Sam quant à lui (aimant beaucoup manger avec sa grosse tête) se précipita vers le panier où il trouva des pains, des fromages et des charcuteries.

Comment as-tu passé la nuit ? me demanda Lisa

Il a été trop plaintif, seuls les appels d'Angela l'apaisaient un tout petit peu, répondit Sam.

Il n'a qu'à demander un transfert pour être proche de son médecin, rien ne l'empêche, dit Lisa, Dutronc, Sam vient de passer une nuit blanche pour toi et je me suis inquiétée toute la nuit, le matin, je me suis empressée de t'amener le petit déjeuner, mais tous nos efforts te semblent vains, pourquoi un tel comportement ? Tu sais que nous te portons tous dans nos cœurs.

Il la regarda silencieusement et répliqua, tu n'étais pas obligée !

Lisa prit un ton malheureux et s'adressa à Sam, tu vois comment il m'a toujours traitée. Je ne l'ai jamais mérité. Suis-je la Karaba (responsable ou cause) de son malheur ?

Sam s'imposa alors. Dutronc, lève-toi et mange. Nous allons régler tous ces comptes quand tu seras guéri. Pour l'instant, c'est ta guérison qui est la seule chose qui nous est indispensable et irremplaçable. Il mangea, enfin et Lisa s'en alla soulagée au fond d'elle.

Vers 9 heures du matin, une lettre venant de Kinshasa atterrit dans les mains du patient.

Mon amour,

Ne meurt pas si jeune. Je crois que je ne suis pas la seule à te réclamer encore. J'ai fait des cauchemars cette nuit et je réalise qu'en ce moment ma place doit être à tes côtés. Seulement, je n'ai pas pu obtenir la permission de mes parents pour venir te voir dans le Bas-Congo. Leur refus a déclenché mes maux d'estomac si bien que je suis aussi sous cure. Toutefois, je te promets que je viendrai à n'importe quel prix.

Quand tu souffres, je souffre aussi mais dans ma douleur je m'efforce de penser aux moments que nous avons passés il y a quelques jours, ça me donne de l'espoir. Surtout que je suis déjà en contact avec ton médecin qui m'a rassuré que tu peux être libéré dans quarante-huit heures. Quand je pense que nous souffrons tous deux à la fois, je me rends aussi compte que la souffrance dans un sens renforce l'amour. On se soucis à chaque instant de l'autre et l'on est en paix que si l'on apprend que l'autre aussi va mieux. C'est pourquoi, je t'appellerai à chaque heure pour connaître ton état et te faire part du mien.

Cet argent (100 $) pourra t'aider à ne manquer de rien pendant que tu es à l'hôpital.

Au–delà de tout, sens-toi bien et je suis sûre que Dieu ne t'abandonnera pas. Je t'adresse mes vœux les plus amicaux de bonne convalescence et de prompte guérison.

Merci de relire cette lettre à tout moment que tu te sentiras seul, tu sauras que je suis toujours à tes côtés.

Angela

Après sept jours d'observation, il quitta de l'hôpital en pleine forme. Heureusement pendant ce temps, ils n'avaient pas de cours. Arrivé à la résidence, les deux amis, Sam et Dutronc commencèrent à se taquiner.

Mon frère est-ce je peux encore te faire confiance ? dis Sam. Tu es tellement matérialiste que tu t'es attaché à elle comme si on était des orphelins abandonnés, lui reprocha encore Sam.

Mais non, lui répondit Dutronc, tu savais bien qu'on n'avait presque plus rien n'a manger ! Et tu ne t'es même pas posé la question de savoir comment j'ai dû payer la facture de l'hôpital ?

Et toi, lui dit Sam est-ce que je peux encore te faire confiance ? Pourquoi tu ne m'avais pas dit que tu avais l'argent et d'ailleurs jusqu' ici tout le monde ignore la planète d'où tu es venu avant d'être ramasser par une voiture. Tu aimes mener une vie de cachotier. Sache que ça me rend très mal à aise.

Mais tu sais bien que je ne l'aime pas lui et toi tu forces les choses lui répond Dutronc.

Tu me fais marrer, ton pull, ta paire de lunettes que tu n'oublies jamais je les ai trouvés chez elle après l'accident, tu y as donc passé la nuit. A l'hôpital, elle passait matin, midi et soir, et à chaque visite un baiser d'amour. Et tu veux me faire croire qu'il n y'a rien entre toi et elle, espèce de sale capricieux… apprends au moins à aimer humblement.

Tu délires frangin, dès le départ, je t'avais dit c'est la tante de…lui dit Dutronc.

Sam le stoppa directement et lui dit : « Arrête, j'en ai marre d'entendre tout le temps cette putaine chanson, c'est la tante de la tentation, c'est la tante de nianianian, n'importe quoi ! Tu n'es pas un gamin. Et je ne trouve pas d'inconvénient que tu sois amoureux d'elle après ta jachère. Ne te convient-elle pas ? Sinon, alors passe-la moi ! Sale hypocrite !

Dutronc se mit à pleurer et Pauvre Sam, tout triste, le serra contre lui et lui demanda pardon. Dutronc s'endormit.

Quelque temps après s'être endormi, un baiser le réveilla et il s'aperçut que c'était Lisa. Ils passèrent tous deux de bons moments des causeries, comme si tout a toujours été bien entre eux. Dutronc la raccompagna et l'embrassa (seulement nous ne saurons quel genre de baiser) avant de se séparer.

Toute joyeuse elle préféra rentrer à pied pour savourer calmement ce bonheur vespéral. Au fond d'elle, elle se disait qu'il y a bien de bonheur qui ne s'arrache que par violence. Je suis très jolie, et j'ai tout ce qu'adorent tous les hommes adorent, mais aucun d'eux ne s'approche de moi parce que j'ai bien gâché une partie de mon passé. Mais maintenant, j'ai trouvé la solution, les hommes, il faut le conquérir, heureusement pour moi, j'ai trouvé le mieux. Mais que faire pour détourner son attention de cette Sainte Angela. Je vois, dit-elle, il n'y a que les rayons du soleil qui peuvent briser l'Angela.

Je sais que mon héros s'y attache parce que c'est une fille de son âge. Un jour, je crois que je livrerai un autre combat pour arracher l'homme de ma vie, certes après la fac. En attendant croquons le présent, il est bien goutant. C'est un homme très rare, un diamant, un trésor à ne jamais perdre.

De l'autre côté, Dutronc se disait, je dois trouver une stratégie pour m'en débarrasser tout bonnement. Je ne peux pas continuer à tromper une innocente que j'aime de tout mon cœur en plus, c'est injuste. Arrivé dans sa chambre, il reprit la dernière lettre de sa bienaimée et la relit.

Les jours passèrent et tout sembla redevenir normal entre Dutronc et Lisa, quant à Sam il continuât à parrainer cette relation qui leur facilitait tant la vie du côté de la nourriture.

## VI

Une semaine plus tard, un dimanche du mois de juin alors qu'il faisait très froid et que le bouillard remplissait la ville de Mbanza-Ngungu, il était encore sept heures lorsqu'on frappa à la porte. Robert ouvrit la porte et fut étonné de voir que c'était Angela.

Robert lui fit le rapport depuis le jour où ils se sont séparés au rond-point Ngaba jusqu'au moment de l'accident. Il lui raconta toutes les tentations qu'avait subies Dutronc jusqu'à ce qu'il cède sous l'effet de l'alcool.

Angela se mit à pleurer.

Robert la réconforta beaucoup et l'encouragea à soutenir Dutronc qui était en effet victime d'une violence sexuelle. Dutronc est le genre d'hommes que n'importe quelle femme peut solliciter voire des hommes. Il a vraiment besoin de quelqu'un comme toi sinon sa vie risquera de basculer de l'homme saint à un obsédé sexuel face à toutes ces offres qu'il a en face de lui.

Je ne pleure pas parce qu'il m'a trompée, je comprends qu'il n'y ait pour rien mais je pleure parce que ma rivale est aussi ma tante paternelle.

Au nom de Dieu dis-moi que je ne rêve pas, s'étonna Robert.

Je te le jure, lui répondit Angela, Ne l'as-tu jamais vue chez nous. C'est la mère de ma cousine Nathalie ! En plus elle a une fille, elle doit être sorcière. Angela continua à pleurer. Ne te décourage pas. Vas-y je te fais quelques pas. Il est à toi. Robert l'accompagna ainsi dans la chambre de Dutronc comme ils habitaient tous deux dans même résidence.

Merci Robert, lui dit Angela, je continue de compter sur toi.

------------------------------------------------

La résidence semblait encore déserte. Tout à coup, quelqu'un frappa à la porte de Dutronc, d'habitude c'est Dutronc qui ouvre aux visiteurs parce qu'il a l'art de bien les accueillir. Cette fois-là, ce n'était pas un camarade de la résidence, ni un camarade étudiant, ni une connaissance du milieu mais celle qu'il ne s'attendait pas voir ce jour-là : Angela en personne.

Il eut envie de sauter sur elle et l'embrasser comme un sauvageon mais à l'instant même il se souvient qu'elle adorait être traiter dans la douceur. Il la prit alors par son bras droit la fit entrer, l'attira contre lui et la serra fortement et lui souffla je savais que tu viendras mais je le pressentais plus depuis hier soir. Il dit hautement ''sens toi chez toi mon cœur''

J'ai bien l'air de l'être non ! lui répondit Angela, je me suis assise sans qu'on ne me le demande.

Salut Sam, mon mec m'a beaucoup parlé de toi et quand je te vois, je me demande comment il fait pour apprécier les gens par leurs justes valeurs ?

C'est là que tu dois comprendre qu'il est descendant des anges qui étaient déchus sur terre lui répondit Sam. Et toi, lui rétorqua Angela, j'ai l'impression que ton grand père n'aimait pas trop les habits, fais-moi plaisir de couvrir ton beau buste que Dieu seul en connait sa masseuse.

Ouf, j'en profite pour prendre d'abord la douche après, je vous laisserai profiter tous deux de ce moment.

S'il te plait Sam, tiens nous compagnie, cela ne réduira tout de même pas notre amour, ça t'ennui mon cœur !

Oh non ! J'aime bien être à côté de Sam, je me demande toujours comment se passera notre séparation après la fac.

Accorde-moi alors le temps de prendre la douche alors.

Je t'en accorde autant que tu en voudras, cette journée sera bien longue, lui dit Angela.

---------------------------------------------------

Du jus ou de l'eau ? lui demanda Dutronc.

J'ai emmené tout ce qu'il faut pour mon diner, ne te dérange pas. Et voici es cadeaux que je t'ai amenés.

Alors on commence par la bouffe, j'ai hâte de gouter ce que tu as apporté.

Ils parlèrent longuement de la vie académique en général, de la vie et d'autres histoires de leurs passés. Mais plusieurs heures plus tard, Sam finit par les laisser.

Après son départ….

Parle-moi de tes études en particuliers lui demanda Dutronc.

C'était promis, je le sais. Je sors de l'académie des beaux-arts, j'y ai étudias la décoration intérieure. Je suis donc gradué (ce qui correspond à la licence 3 dans le système LMD) dans ce domaine.

Alors, ma chambre, comment sera-t-elle ? lui demanda Dutronc.

Voyons, avec trente mètres carrés, comme tu aimes beaucoup tout apprendre et écrire et écouter de la musique, ce serait très facile. Un lit de 1.20 mètres te suffirait. Un bureau d'un mettre sur cinquante, un ordinateur et une petite bibliothèque suspendue.

Des rideaux bleu ciel couvrirait le mur de l'entrée. Et puisque tu adores la nature, un aquarium sera encastré dans un mur sur lequel on fabriquera des pseudos arbres et brousse.

Et comme tu adores faire du shoping et t'habiller, ta garde-robe ne sera pas dans un placard, nous allons l'étaler comme dans une boutique une petite armoire servira juste de tes sous-vêtements.

Avec toi, Je pense que j'aurai la plus belle maison du monde, répliqua Dutronc.

Tu sais quoi, lui dit Angela, je suis venue avec un questionnaire, j'aurai mille questions à te poser aujourd'hui. Es-tu prêt à me répondre sincèrement ?

Je l'ai toujours été. On peut y aller.

Et pendant ce temps, elle s'est mise à regarder les photos de la famille de Dutronc et dit : « N'eut été ces photos je n'aurai pas eu la chance de connaitre un seul membre de ta famille. Ta sœur ainée, je l'impression qu'elle me ressemble. »

Ce n'est pas une simple impression, lui répondit Dutronc, elle est aussi dure que toi. Mais elle est charmante, intelligente et très ouverture. Peut-être c'est la première personne de ma famille que tu connaitras.

Et pourquoi seulement elle ?

Ne t'ai-je pas dit que vous avez beaucoup dc ressemblance ? C'est aussi la seule qui ne cesse de me déranger pour te connaitre et en plus elle étudie à Kisantu, à 30 km d'ici.

Comment a-t-elle su que j'existe, on s'est convenu que ce serait à huit clos

Et comment ta tante l'a-t-elle sue alors qu'on s'est convenu à huit clos ? C'est quoi donc la prochaine question ?

Qu'est-ce qui t'attire le plus en moi ?

Ton être et ton paraitre : C'est exactement ce qu'il fallait pour que je sois amoureux à l'université.

Lorsqu'elle vit la photo d'anniversaire, elle la contempla longuement sans aucun commentaire. Elle prononça à la fin, j'espère que cette soirée n'a pas des souvenirs muets.

D'ailleurs parlons de ton accident qui est intervenu le lendemain de cette fête. Ton copain dit que tu n'as pas passé nuit dans ta chambre. Ma tente m'a rassuré que la fête a pris fin à 23 heures. Sam a appelé tous tes proches, tu n'étais nulle part. Peux-tu me justifier de 23 heures jusqu'au moment de l'accident ?

Sans réfléchir, Dutronc répondit : « j'avais trop bu et j'ai passé nuit dans la salle de réception. »

Bravo, je te signale que cette salle n'est pas loin de la résidence des filles et très loin de la nationale. Et selon certains témoignages, tu as été percuté en plein milieu de la rue. En outre, le matin tu étais possédé par un esprit qui t'a conduit jusqu'au lieu du drame. Elle continua et lui fixa les regards, tu as donc passé la nuit chez elle. Dis-moi au moins quelque chose.

Quelque chose comme quoi ! lui répondit Dutronc, je t'avais dit que je ne m'en souvenais pas trop. Imagine aussi que si tu étais là, tout ceci n'allait pas arriver. Ce soir-là je me suis sentit trop seul. Or être seul, c'être trop libre, être à deux : c'est être libre sur mesure.

Tu sais Dutronc, je peux facilement déduire tout ce qui s'est passé ce jour-là mais, je voulais te dire quelque chose que tu ne connais peut-être pas : « je t'aime comme tu es, que tu sois bon ou mauvais, et même si tu tricheras un jour je continuerais à t'aimer au même degré sans te reprocher de quoi que ce soit puisque tu es un homme. »

C'est à dire ? lui demanda Dutronc avec un air rempli de culpabilité.

Il est très difficile de garder un homme fidèle à des milliers kilomètres de vous. J'ai la volonté de te donner un amour au-delà de tout mais, la distance m'en empêche. Sans en vouloir un débat, le lieu de ton accident est curieusement plus proche de la chambre de ma tante Lisa. Mais, je t'aime quand même et cela sans condition, voilà pourquoi je suis ici.

Tu n'as pas tort, mais ce n'est exactement pas ce que tu crois ; il ne s'est rien passé entre elle et moi ; je te l'assure.

J'ai toujours su qu'elle te pourchasse et je t'ai toujours dit d'être prudent. Me perdre ne représente pas grand-chose, mais perdre ta dignité, sera la chose la plus difficile qui puisse t'arriver. Ça ne s'achète pas.

Pardonne-moi, lui demanda Dutronc tristement, je te promets de ne plus recommencer et c'est pour la vie. Je te jure qu'il ne s'est rien passé.

Ce n'est pas grave passons à une autre question, lui dit Angela. S'il te plait, parlons plus de ces photos qui entraine des longues histoires. Qu'aimerais-tu que je fasse souvent pour toi ?

Me dire je t'aime à chaque occasion qui se présenterait, ça me fait du bien, lui répondit Dutronc et lui dit ensuite :

Et toi, y a-t-il des choses que tu aimerais que je fasse pour toi mais que je n'ai jamais donné ?

Angela lui répondit : « Me convaincre que la distance n'a aucune incidence sur notre amour, c.à.d. n'aimer que moi et moi seule malgré la contrainte de l'absence, la contrainte de ne pas tâter ni téter. »

Hormis celle qui ne cesse de faire de moi un gibier à attraper à tout prix, tu peux croire que je suis l'homme le plus fidèle du monde. N'oublie pas que c'est en ton nom que je me vois contraint d'être gentil envers un membre de ta famille. On avance.

Généralement quand les gens parlent de toi ici, qu'est-ce qu'ils disent ? lui demanda Angela.

Ici, Je suis plus connu pour mes capacités intellectuelles de distinguer chaque fois ; ce qui fait que la plupart de ceux qui m'approchent, c'est pour des raisons scientifiques. Ceux à qui je refuse de rendre service disent que je suis orgueilleux parce je suis intelligent.

N'es-tu pas heureux d'être comme une plaque tournante des choses ? Bien au contraire, ça m'attriste parce j'ai l'impression que je suis limité. Je n'ai pas droit de m'exprimer librement, toute vérité qui sort de ma bouche est injustement l'associée à mon intelligence, ce qui m'oblige de m'effacer presque de la fac, en conclusion, ils ont l'impression que je suis timide.

Wow, qu'y a-t-il de mieux pour un étudiant que d'être célèbre grâce à son intelligence dit Angela.

Si l'intelligence seule suffisait, j'espère bien que tu ne serais pas là en ce moment. C'est plutôt l'amour qui est la plaque tournante de tout ce qui existe, lui répondit Dutronc.

Donc ici, ceux qui nous observent s'imaginent que nous sommes égaux alors que je ne suis pas aussi intelligente que toi, dit Angela.

Au contraire, je commencerai par te féliciter pour tous les efforts que tu fournis pour enfin m'accepter et me considérer comme toute autre personne de ton rang social. Toi seule connais là où tu me situes malgré ma pauvreté. D'ailleurs au départ, je n'étais pas très sûr que tu accepterais un moindre comme moi mais, jusqu'ici tu fais preuve d'une amie digne de ce nom. Et je crois que tu n'es pas déçue de m'avoir choisi.

Et, quant à l'intelligence, je ne te demande pas et te demanderais jamais d'être comme moi. Néanmoins, je t'ai donné de la considération et ce, malgré toutes nos différences visibles et considérations. Je t'ai offert mon amour propre et une fidélité digne malgré tout ce que me coûte cet amour vis-à-vis de ta tante Lisa.

Je me demande si je saurai parler comme toi Dutronc. Je me résume en te disant merci. Quant à cette manipulatrice, j'en ferai mon affaire personnelle, ne t'en fais pas. Mais les soi-disant gens de mon rang que je côtoie te dérangent-ils ? lui demanda Angela.

Non, ce sont des gens que tu as connus avant moi, de quel droit dois-je te séparer d'eux sachant bien que j'ignore complètement ce qui te lie avec tes ami(e)s. Sois seulement sage et n'oublie pas que loin de Kinshasa, il y a quelqu'un qui ne compte que sur toi et toi seule.

Parmi tes défauts, j'ai constaté que tu es trop tolérant, tu ne défends jamais ta position lui reprocha Angela. A la faculté oui, mais dans d'autres domaines de la vie, j'apprécie selon le cas. S'il fallait être sévère, je te jure que je ne souhaiterai plus jamais revoir la tête de tante parce que le tort qu'elle m'a causé reste inoubliable toute ma vie. Seulement, je me mets rarement en colère.

Et toi, c'est quoi ton plus grand défaut ? lui demanda Dutronc

Je me lasse vite des personnes que je côtoie. Une moindre blessure suffit pour que ça casse. Et j'efface difficilement.

Et pourtant tu m'as facilement pardonné déclara Dutronc.

Je sais que tu n'y es pour rien. Ne t'ai-je pas dit que celle-là, je m'en occuperai ?

De grâce quand tu le feras, épargne-moi de votre séparation. C'est injuste de séparer les membres d'une même famille.

Rien n'a jamais été grave pour toi mon cœur. L'amour est un actif qu'on obtient souvent avec beaucoup d'efforts. Tout ce qui t'appartient il faut les défendre, souviens-toi, ne jamais te laisser faire. Moi, je défendrai de toute ma force ce qui me reviens.

Donc si tu apprenais qu'un mec rôde autour de moi, vraiment tu ne feras rien ? Ne me dis pas non s'il te plait ! N'oublie jamais que chaque femme a toujours voulu être défendue par son âme sœur qu'elle ait tort ou raison et cela en toute circonstance.

Ce n'est pas seulement les femmes, les hommes aussi répondit Dutronc. Je suis très fier de toi d'entendre toutes tes initiatives pour me défendre.

La dernière fois que tu t'es battu, c'était quand et pourquoi ? demanda Angela.

Peut-être quand j'étais bébé. Au fait, je ne me suis jamais battu. J'ai grandi dans une famille de paix où nous n'étions presque pas en contact avec l'extérieur. Et j'ai étudié dans les écoles catholiques où les règlements d'ordre intérieur sont suivis à la loupe, chez les frères lassaliens.

Ça se voit, tu n'as presque pas de cicatrice. Et comment tu chasses ta colère ?

Je m'éclipse, c'est tout. Je t'avais dit que je ne suis pas colérique.

Il y a quelques choses que je voudrais comprendre dit Angela, ma tante t'as séduit tu as cédé. Ça je comprends mais j'ai peur que tu ne cèdes encore chez une autre personne. En outre, la distance devient une menace à notre amour. Dans quelle mesure peux-tu me rassurer une nouvelle fidélité.

Il n'y a jamais eu d'ancienne ou de nouvelle fidélité. Je te jure que c'est entre ta tante et moi. Autrement dit pour moi ta tante n'a pas encore réussi à me convaincre tant que j'aurai ma pensée nette. Je suis resté autant d'années sans petite amie, pour quelle raison en aurai une encore de plus ?

Parce maintenant l'amour est devenu un des soutiens de ta vie ce qui n'existait pas avant. Même avec Sarah, la fille avec qui je sortais avant, je ne l'avais jamais trompée malgré son infidélité notoire. Tu sais, la fidélité est l'un de mes principes et je n'aime pas enfreindre mes propres lois. C'est toi que j'ai choisie et cela me suffit.

Je veux bien te croire, mais n'oublie pas que, le milieu où j'évolue est plus petit et plus sécurisant que le tient ! répondit Angela.

Tu voudrais insinuer que…

C'est plus facile pour toi de me tromper en silence que l'inverse. Et en plus tu as tout ce qu'un homme peut chercher chez une fille : la beauté, le renom, une famille assise, l'argent, etc.

En toute sincérité, je n'ai jamais été amoureuse. Tu es le premier et je souhaiterai que tu sois mon seul et mon dernier. Je n'ai pas regardé ta fonction et ton rang social. Crois-tu dans ces conditions qu'un autre homme peut me convaincre ? Tu ignores complètement que le sexe peut affoler n'importe qui, moi je n'en suis pas expert. Je me contenterai du peu que tu me donneras et je te donnerai aussi le peu que je sais. Tu verras que nous serons satisfaits à notre manière. Du reste, tu ne me diras pas que tu es chaste !

Qu'est – ce qui t'attire le plus chez moi, alors ? demanda Dutronc.

C'est tout ce que tu es : intelligent, beau, ignorant, et j'en passe et je suis persuadé tu n'es pas matérialiste. Et toi, après tout quelle est ton impression sur moi ? demanda Angela.

Je crois que je ne me suis pas trompé. Même satisfaction du départ à ce jour. Comment fais-tu pour toujours être à la hauteur de tes devoirs amoureux ?

On est à la hauteur que si on aime vraiment, lui dit Angela, mais je suis peut-être pressée de penser de la sorte mais crois-tu qu'on pourra se marier un jour ?

Sincèrement, permes-moi de te dire la vérité que je n'ai jamais pensé à cette question. Et pourquoi cette question.

Juste pour savoir si tu réfléchis comme les garçons de ton âge ou comme Sam. Vous n'êtes pas si différents. Et tu partages ta vie avec lui, ça se passe toujours bien ?

Pas du tout, je ne partage pas ma vie avec Sam, je partage plutôt ma chambre avec lui. Et puis, j'ai un ami Brayan qui te connaît assez. Mais je n'ai pas encore programmé votre rencontre.

Je n'ai pas droit de savoir quelque chose sur lui ? demanda Angela.

Bien sûr, il passe son stage dans une compagnie sucrière à Kwilu–Ngongo située à plus ou moins une heure de Mbanza-Ngungu. Il est en deuxième ingéniorat en Physique électronique à l'Institut Supérieur Pédagogique de la place. Il est kinois comme toi.

Ah bon, mais pourquoi tant d'attention sur les kinois ?

Et pourquoi pas ? D'ailleurs pourquoi tant d'attention sur les étrangers ?

C'est un gars que tu vas certainement adorer, il est doux mais pas timide. On a tellement des points communs qu'on se croira des jumeaux. Je ne fais rien sans son conseil.

En outre il était d'avis que tu sortes avec moi ?

Je suis désolé de t'apprendre que son avis valait la peine, sinon ça allait être difficile.

J'ai l'impression qu'il pèse beaucoup sur toutes tes décisions, je n'aime pas ça moi, répliqua Angela.

Mais aujourd'hui tu ne t'es jamais rendu compte que c'est toi qui joues ce rôle ? Ça aussi tu n'aimes pas ?

Là je suis bien dans mes droits, mais quel était son avis sur ma tante ?

Le courant ne passe plus, même pas un bonjour alors qu'avant ils étaient plus proche que moi. Il est allé voir Lisa et lui a fait comprendre qu'elle n'avait pas droit d'abord de prendre ce qui appartient à sa nièce et ensuite ce qui est à lui. Malheureusement ta tante s'est éclatée et ça faillit mal finir. Elle croit que Joseph veut me privatiser et s'ingérer dans sa vie privée. Brayan énervé l'a strictement interdit de m'approcher.

Elle t'approche pourtant.

Seulement quand Brayan n'est pas là. Quand je suis avec lui, même un coucou ne passe pas. Tu dois être une perle rare pour que les gens se battent ainsi pour toi. Qu'est-ce que j'aimerais être à place. Tu sais que Brayan m'aime beaucoup et sa copine pense exactement comme toi, elle croit que je gère son mec à sa place.

Ah ! Sauras-tu gérer tout ce que je vis. Imagine quand Brayan sera de retour et qu'il apprendra tout ce qui s'est passé à son absence, je te jure que même Lisa a peur de lui, elle me l'a avoué. Je suis contraint de chercher une bonne version pour la protéger.

En tout cas si tu le fais, je prendrai le devant de dire à Brayan ce qui s'est passé de A à Z, dit Angela avec un ton imposant.

Ne le fais surtout pas s'il te plait, répondit Dutronc. Brayan est un gars très colérique et ça risque de très mal tourner. Je ne veux pas que deux anciens amoureux effacent tous les bons souvenirs qui le liaient.

J'aimerais tant rencontrer Brayan, dit Angela et quand tu parleras avec lui, dis-lui que je m'impatiente de l'écouter. Au nom de Dieu, Lisa doit être une sorcière de faire de toi une cible alors qu'elle a connu Brayan. C'est presque incroyable

Et pourtant c'est ça la vérité !

C'est par cette triste vérité que les amoureux atteindront la gare routière pour permettre à Angela de regagner Kinshasa.

## VIII

Lettre de Dutronc à Brayan :

Mon cher Brayan,

Les bruits courent aussi vite que le vent au point que je sais que tu as une version de tout ce qui se passe ici. D'abord tu m'as beaucoup manqué, j'aurai préféré passer mes jours à l'hôpital avec toi qu'avec ce maudit Sam. Voilà ce qui s'est réellement passé :

Après avoir passé l'épreuve de Statistique, j'ai cru qu'une distraction dans une fête d'anniversaire serait la bienvenue. Après la fête, notre voisine m'a prié de l'aider à transporter ses cadeaux, ce qui me parut normal et sans arrière-pensée. Et je te signale que j'avais pris de l'alcool. Arrivé dans la résidence des filles, j'ai commencé à vomir. C'est ainsi que les filles, voyant l'état auquel je me trouvais, décidèrent toutes à l'unanimité que je passe nuit dans leur résidence ; Elles me cédèrent donc une chambre.

Malheureusement, j'ai continué à vomir toute la nuit et le lendemain matin j'avais perdu tout mon équilibre, c'est pourquoi j'ai décidé de quitter leur résidence le plus tôt possible.

En rentrant, sans équilibre, j'ai eu des vertiges et, voulant traverser l'autre dans rive de la rue, j'ai senti que j'étais tombé et j'ai du coup perdu connaissance. Et comme le malheur ne vient pas seul, une voiture passait juste au moment où je tombais et j'ai été percuté par cette dernière.

Présentement, ça fait une semaine que je me sens mieux. Je suis à la résidence universitaire et la bête noire n'ose même pas me visiter parce qu'elle a reçu des instructions de ta part. Elle venait du moins à l'hôpital et sincèrement, m'a rendu d'énormes services.

Angela qui vient de partir depuis une heure a beaucoup regretté de ton absence. Elle voulait tant te voir. Elle m'a chargé de te dire merci pour tout ce que tu fais pour son mec. Sans blague, elle t'aime autant que moi.

J'espère que ces écrits vont t'apaiser et te rassurer que tout va maintenant bien.

Je t'attends impatiemment car les bonnes choses ne manquent jamais.

A plus frangin. Je te serre la main.

Malheureusement la lettre de Dutronc était arrivée en retard chez Brayan et Sam, lorsqu'il était à l'hôpital avait déjà eu le temps de tout raconter à Brayan en y ajoutant des épices. La lettre ne put donc apaiser Brayan qui finalement pris la décision de prendre un taxi pour atteindre Mbanza-Ngungu quarante-cinq minutes plus tard. Dutronc connaissant son programme était déjà à la gare routière pour attendre son cher ami. Il savait bien que son ami était en colère contre lui mais, savait aussi qu'il était également le seul calmant que pouvait prendre Brayan.

Tu m'as beaucoup manqué mon frère Dutronc, s'exalta Brayan et j'ai failli te perdre.

Dans ma souffrance, je pensais que tu souffrais doublement, et ça me faisait mal mais je suis là en parfait état, ça se fête non ?

Oui, mais nous avons besoin d'une grande préparation avant ladite fête, dit Brayan, je sais que tu as peur mais je te jure que pour l'amour que j'ai toujours eu pour toi, je ne ferai rien. Ce qui me touche est qu'on est ami et nous avons tout intérêt à sauvegarder notre amitié. Coucher avec mon ex, c'est remettre notre relation en cause mais apparemment, tu ne t'en rends pas compte.

J'ai même une honte terrible, dis Dutronc, j'ai envie de disparaitre. Je t'ai offensé et je te demande pardon. Seulement permet-moi de te dire que je ne sais même pas si j'ai couché avec elle.

C'est-à-dire ?

J'étais complétement bourré, je me suis endormi dans son lit avec mes habits. Le lendemain matin, je ne me réveillé rien qu'avec un slip. J'ai simulé que la nuit a été rose indépendamment de ma volonté. Sans vouloir savoir quoi que ce soit, je me suis rhabillé et rentré dans notre résidence. Dépassé par cet événement et par les effets de l'alcool, j'ai perdu connaissance avant même que la voiture n'arrive près de moi. J'implore ton pardon frangin. Tu me connais assez et mieux que n'importe qui. Tu ne vas pas tout de même t'adhérer à la version selon laquelle que j'ai couché avec l'ex de mon bras droit !

Non ! Mais le problème c'est toi, lui répliqua Brayan, il t'arrive souvent d'être trop sûr de toi. Ne t'avais-je pas averti que cet anniversaire serait un piège ? Mais tu étais tellement sûr que tu sauras t'y prendre, eh ben, on t'a finalement pris. Être ami c'est aussi accepter l'avis de l'autre sans en être convaincu ! Mais chez toi, tu ne peux faire que ce qui est le fruit de ta conviction. Je commence en avoir assez Dutronc. Voilà maintenant dans quelle situation nous sommes…

Je t'en prie mon ami, lui dit Dutronc avec culpabilité, j'ai enfreint la loi pour une fois. Et, quelle que soit la gravité de ma faute, je crois que je mérite ton pardon, s'il te plait j'ai même pris la décision de ne plus la voir par ce que je ne veux pas te perdre car je voulais protéger notre amitié.

Prend courage et Sois sage mon frère, tu sais aussi que ce n'est pas finit, lui dit Brayan, elle cherchera d'autres stratégies pour t'avoir. Dans tout, c'est aussi pour me prouver qu'elle bien meilleure parce qu'elle a trouvé quelqu'un. Si seulement elle savait combien je m'en foutais !

L'amitié est un bonheur qu'il faut nécessairement protéger. Cela implique que tous les actes que nous posons doit viser la protection de ce bonheur sinon sans blague on ne serait plus frangins.

C'est la première et la dernière fois que je me tolère une telle négligence lui dit Dutronc. Et, entre elle et toi, le choix est clair. Je crois que nous devons parler Bijoux ta petite amie qui ne s'est jamais présentée depuis que j'ai été malade.

-----------------------------------------------

Arrivés tous deux chez Bijoux, celle-ci les accueillit très chaleureusement en criant : « Salut le héros du siècle, tu es quand même venu accompagner de mon mec pour échapper à ma foudre ? »

Si c'est vraiment une foudre, j'ai bien eu l'idée de venir avec un paratonnerre lui dit Dutronc.

S'il te plait Bijoux ma chérie cesse avec histoire, lui dit Brayan, tu es la plus coupable de tout ce qui se passe. Mon ami malade à l'hôpital et tu n'es même pas allée lui rendre visite, ne fût–ce que pour me représenter, comment peux-tu faire cela?

Celui-là, il a failli mourir à cause d'une personne. Heureusement qu'il s'est échappé pour rendre coupable un conducteur de voiture, un innocent ! À de tels complots, je ne mêle jamais, répliqua Bijoux sans état d'âme.

Ma belle, c'est là ton moindre mal, tu conclus toujours sans mener des enquêtes ce n'est pas bon pour une juriste. T'aurais t'approcher de moi pour connaitre ce qui s'est réellement passé au lieu de t'affilier à la version publique lui reprocha Dutronc avec tristesse.

Mon beau-frère, la faculté est en ébullition. A la une, c'est toi qui, longtemps considéré comme le plus intelligent, le plus saint mais à qui on vient d'ajouter une qualité de plus : qui couche avec n'importe qui. Et tu veux que je sois fier de toi ? répondit Bijoux.

C'est pourquoi on s'aime ma chérie, pour se soutenir dans le succès comme dans le déshonneur. Veux-tu que je te rappelle ton passé ? Peut-être tu comprendras mieux ce qu'on appelle amour. Parce que je t'ai aimée, n'oublie pas que j'ai aussi été humilié. Mais aujourd'hui, tous nos camarades te respectent pourtant. Fais un peu preuve d'une fille mature, ne me déçois quand même pas devant un ami dit Brayan à Bijoux.

En tout cas mon passé vaut mieux que le présent de ton type.

Dutronc regarda les réactions de Bijoux dit à Brayan : « C'est pourquoi je suis souvent avec toi, car avec elle j'arrive toujours de mon plein gré et je dégage de son gré. Au moment où nous parlons j'ai plus besoin de votre soutien ni de votre jugement. »

Assez chérie, lui Brayan, c'est notre ami et il mérite bien notre soutient. Encore un débordement, on s'en va. Maintenant dis-moi chérie, que peut-on faire pour aider notre ami. ?

Je propose qu'il visite sa famille, ce serait soi-disant un transfert à Matadi pour les soins médicaux. A son absence les gens parleront de moins en moins de lui et lorsqu'il reviendra, il n'aura qu'à prendre ses égards face à cette salope.

Voilà une idée constructive que j'apprécie. Dutronc demain très tôt matin je t'accompagnerai à l a gare routière. Affaire conclue et ça reste entre nous dit Brayan.

Le lendemain vers six heures du matin, Dutronc pris le premier bus à destination de Matadi.

## IX

Arrivé au terminus dans la ville de Matadi, plus précisément au quartier CINE PALACE, Dutronc eu très soif et se dirigea vers un bistrot où il fût attiré par une jolie fille. Lorsqu'il s'approchât, la fille cria « Dutronc !», elle a couru pour venir l'embrasser. C'est alors qu'il s'aperçut que c'était une de ses ex qui s'appelait Sarah, la fille en or.

Oh Sarah, tu ressembles presque à une princesse, tu as toujours du goût pour l'or et tu es devenue tellement jolie.

Assez mon frère, nous aurons beaucoup à nous raconter aujourd'hui. J'espère que tu n'es pas pressé. D'ailleurs tu viens d'arriver. Tu pourras aller à la maison même la nuit. Que serais-tu devenu avec un air si sérieux et des bijoux en argent ?

Etudiant ma chère, je n'ai plus de quoi me procurer de l'or. Après notre séparation, j'ai obtenu mon diplôme d'état (bac) et je suis allé poursuivre mes études à l'Université Kongo à Mbanza-Ngungu. Je termine mon master 2 dans une année. Et toi, qu'es-tu devenue ?

Il y a de cela très longtemps que j'ai appris une bonne nouvelle, je suis très heureux pour toi. Cela aurait pu être également mon cas mais tu me connaissais bien, j'ai continué à jouer aux cartes après notre séparation. Arrivée en quatrième année secondaire, je sortais avec un homme marié et je suis tombé en ceinte de lui. Soucieux de sa réputation et de son rang social, il m'a supplié d'avorter. J'avais avorté après trois mois de grossesse qui a failli me couter la vie. Après l'avortement je saignais pendant des heures. En plein milieux de la nuit, ma mère m'a emmenée à l'hôpital Général de Référence où l'on a pu me soigner après plusieurs semaines. L'infirmier qui a pratiqué cet avortement a pris fuite jusqu'à ce jour. Je ne pouvais plus poursuivre mes études. Je suis donc restée à la maison en attendant le mois de septembre pour reprendre les études l'année scolaire suivante.

Pendant ce temps, je sortais avec un étudiant de la place tout en combinant avec le monsieur en cachète. Juste un mois avant la rentrée scolaire, je me suis retrouvée de nouveau en ceinte du même monsieur qui a tenu à ce que nous procédions comme la fois dernière à l'avortement. Ne voulant pas risquer ma vie aux vus de ce qui s'est passé avant, nous nous sommes convenus, le Monsieur et moi d'accuser l'étudiant, d'être l'auteur de la grossesse tout en me promettant de prendre le tout en charge. Le pauvre étudiant l'ayant appris, prendra fuite. Au moment où je te parle seul Dieu connait ses coordonnées géographiques. Ma mère, ne pouvant plus tolérer une telle sottise en espace de moins d'une année, m'a chassée de la maison. Dans un premier temps, c'est ta famille qui m'a recueilli pendant les deux premiers semestres de grossesse. Sincèrement tout ce qui s'est passé entre nous, je ne le considère plus. Pour moi, tu es maintenant un frère car ta famille est la mienne.

Au dernier trimestre, j'ai demandé à ce que j'aille habiter chez ma tante qui est infirmière, ce que ta famille ne m'a pas refusé. En réalité, j'étais rejetée par toute ma famille, même élargie. Ledit Monsieur a payé pour moi une garantie et j'ai commencé à louer une maison. Une de tes cousines étudiantes en sciences infirmières à l'époque est venue m'aider jusqu'à l'accouchement, c'est la seule qui connait la vraie version de cette litanie. Lorsqu'elle a terminé ses études, elle est rentrée à Boma où elle bosse actuellement. Grace à l'argent que remettait le monsieur, j'ai dû trouver une domestique et j'ai monté l'affaire que voici. Le petit garçon qui joue là est bel et bien ton neveu et par reconnaissance à tout ce que ta famille a fait pour moi, je lui ai donné le nom de Dutronc.

Dutronc fut tellement choqué qu'il ne sut par où commencer. Ce que j'aime en toi est que tu es très courageuse. Tu ne t'es pas laissée faire. Qui peut croire qu'une telle beauté peut avoir un joli garçon de deux ans. Et qui peut croire à ton âge que tu prends en charge ta vie, tu es vraiment courageuse et je t'en félicite. Alors tu continues à vivre avec son père ?

Il a vite disparu, une année après mon accouchement. C'est à peine qu'il a recommencé à passer par ici pour se rendre compte de la situation de son enfant. Mais j'ai mes propres ailes aujourd'hui, il ne représente plus rien pour moi. Je pense aux affaires. Peut-être qu'après tes études tu vas mieux m'orienter !

Oh pourquoi pas ! Nous apprenons pour rendre service. C'est avec joie que je le ferai. Mais dis-moi, es-tu sure de t'en sortir seule, sans l'aide de son père ?

Plus que tu ne le crois, aujourd'hui je vis avec ma mère qui reste avec lui parfois et moi je m'occupe de la terrasse. Je t'informe aussi que j'ai une voiture qui fait le transport public. Ma vision actuelle est de commercer à voyager vers l'Europe.

Je me rends compte à qui j'ai affaire, dit Dutronc.

Et toi, tu ne parles pas ? demanda Sarah.

Que dire de plus, je vis seul et je suis ici en repos médical. J'ai été renversé par une voiture il y a de cela à peu près deux semaines. Après l'hospitalisation, j'ai préféré venir me reposer chez les parents qui me réclamaient aussi. Après une semaine ou au pus dix jours, je retournerai aux études.

Tu as au moins quelque part où tu peux venir passer ton repos de temps en temps et jouer avec ton homonyme, ce serait très génial, lui dit Sarah.

Ils continuèrent leur conversation jusqu'au dix-neuf heure, l'heure à laquelle passa le père de son enfant. Dutronc en profita pour faire sa connaissance entant que cousin de celle-ci. La soirée devenait de plus en plus agréable au point que Dutronc arriva très tard chez ses parents.

La nuit, Dutronc n'a pu s'empêcher de penser à son premier amour, aux bons moments passés ensembles, à sa sublime beauté actuelle. Elle ressemble à une vraie femme d'affaire pensait-il. Mais seulement, il n'était pas prêt à abandonner son Angela qui venait à peine de le dispenser d'une grave erreur.

Il passait ses journées à encadrer Sarah sur la gestion de ses affaires, à l'aider à faire sa petite comptabilité et comme elle était une fille intelligente elle s'y prenait facilement. Un jour Sarah lui dit, j'ai un cadeau pour toi. Lorsqu'il ouvrit le paquet, ce fut une chainette en or de grande valeur. Oubliant qu'ils étaient devenus frère et sœur, il l'embrassa tendrement.

Sarah, le repoussa après quelques secondes et lui dit ; « je ne me permettrai plus jamais de prendre ce qui ne m'appartient pas, j'ai failli rater ma vie à cause de cette sale habitude. »

Que veux–tu insinuer ? lui demanda Dutronc.

Qu'il existe soit une Angela soit une Lisa, j'ai eu le temps d'analyser tes sms.

Je suis foutu, c'est Angela qui existe, elle habite à Kinshasa, j'ai fait connaissance avec elle il y a de cela quelque mois ici à Matadi.

Donc avant elle c'était Lisa, ma remplaçante ? demanda Sarah.

Loin de là, Lisa est sa tante avec qui j'étudie. Elle me surveille de plus près qu'on croirait que c'est avec elle que je sors.

Alors sois sage, parce qu'à lire ses messages, il est facile de déduire ses intentions.

Et toi, tu m'aimes encore ? demanda Dutronc.

Je te l'avais dit, ce n'est plus comme avant, tu es mon frangin et je suis fière d'être ta frangine. Tu ne me diras pas que soudain tu as senti tes sentiments réveillés ! Je ne te reconnais pas ainsi.

Non, je voulais quand même connaîtra ta position vis-à-vis de moi. Je n'ai qu'un seul cœur qui ne contient qu'une seule place. J'aime Angela et pour rien au monde je ne la lâcherai jusqu'à la preuve du contraire.

Je sens que tu as grandi, lui dit Sarah, même ta façon de parler a changé. Je serai heureuse de rencontrer un jour Angela. Fais un bon voyage mon frère, que Dieu te protège. Elle lui remit une enveloppe avec deux cents dollars américains.

Mais Sarah, permets-moi de retomber un peu dans notre passé, lui dit Dutronc et, pourquoi m'avais-tu déçu ?

Elle sourit et le regarda en disant : « mais pourquoi tu ne m'avais-tu pas pardonné ? »

J'étais prêt à le faire mais je voulais d'abord comprendre ce mélange que tu as fait.

Avant toi, je vivais avec un garçon qui me donnait tout ce que je voulais parce qu'il était commerçant. Ton cousin connaissait cette histoire et me draguait en même temps. Il me sommait parfois devant ce type en se présentant comme mon frère aine. Il m'avait tellement menacée de dévoiler ce secret que je finis par coucher avec lui pour que la paix règne entre lui et moi mais, en vain. Cet acte pour lui était un oui de ma part et il a commencé de chanter sa victoire auprès de ses amis. Lorsque le commerçant avait compris que je faisais un mélange, pensant à toutes les dépenses qu'il faisait pour moi, il m'a sérieusement tabassé et on s'est barré. C'est grâce à tout ce qu'il me donnait que j'ai pu t'offrir de l'or ou d'autres cadeaux.

Donc, tu étais déjà amoureuse de deux autres personnes quand j'ai décidé de t'aimer s'étonna Dutronc. Pourquoi as-tu fait de moi une troisième personne ?

À force de te côtoyer, j'avais compris qu'avec le commerçant j'étais sur une mauvaise piste, j'étais déjà amoureuse de toi et je cherchais des voies et moyens pour rompre avec lui. Cela ne pouvait pas être facile, vu l'écart d'âge qui nous séparait il me malmenait comme une petite fille et je n'avais pas trop à dire devant lui. Quant à ton cousin, sincèrement c'était un accident, je ne l'ai jamais aimé.

Tu aurais pu terminer le processus avant d'en entamer un autre ! lui dit Dutronc.

Ce n'était pas non plus facile, ton cousin avait continué à me presser et à coucher avec moi de force mais mes yeux étaient bien fixés vers toi. Je ne voulais pas attendre parce que j'avais peur de te perdre, il y avait une de mes amies qui te prenait déjà comme cible.

Mais voyons, peut-on faire à une personne qu'on aime ce que tu m'as fait subir ? lui demanda Dutronc.

Non, c'est pourquoi quand tu avais tout découvert je t'ai laissé calmement. Tu ne méritais pas une fille comme moi. Malheureusement tu ne m'avais pas non plus donné l'occasion de t'expliquer quoi que ce soit. J'ai toujours été culpabilisée par cette histoire, aujourd'hui, je me sens libérer.

Maintenant que j'ai compris que tu n'avais pas de choix, tu étais encore enfant aussi, je te pardonne et te dit que tu me mérites bien, dit Dutronc.

Après tout ce que je viens de commettre comme bêtises, répliqua Sarah, je ne te mériterai jamais. Tu mérites une fille qui est mieux que moi. Heureusement qu'entre nous deux ce n'est plus possible.

T'en es sûre, lui demanda Dutronc.

Avant, J'étais celle qui commettait des erreurs par peur ou contrainte. Aujourd'hui je suis responsable de tous mes actes. Je peux te rassurer que même par des cérémonies ancestrales, tu ne m'aurais plus parce qu'on est maintenant lié par le sang ; tu es mon frère.

Merci pour tout, prend soin de mon neveu, lui dit Dutronc avant de poursuivre son de retour vers Mbanza-Ngungu.

---------------------------------------------

Pendant ce temps à Mbanza-Ngungu, Lisa fut plusieurs va-et-vient à la résidence universitaire de garçons mais ne trouva pas Dutronc et le pauvre Sam ne savait même pas le localiser parce que son numéro de téléphone ne passait pas. Cependant pour ne pas faire savoir qu'elle n'avait besoin que de Dutronc, elle passait souvent son temps avec Sam. Les deux savaient bien que seul Brayan pouvait leur dire là où se trouverait Dutronc. Mais Brayan, connaissant la complicité entre Sam et Lisa, ne dévoila point le secret. Or Lisa avait un sérieux problème pour lequel elle était convaincue que seul Dutronc pouvait lui apporter la solution. Elle s'y rendait tous les jours et y passait ses journées entières sachant qu'un jour Dutronc reviendra.

Son espoir n'était pas vain, car un soir Dutronc apparut en plein forme, tout beau, avec ses bagages. A peine avait-il déposé ses fardeaux, que Lisa lui dit : « je sais que tu es fatigué mais accorde moi ne fut-ce que cinq minutes, écoute-moi s'il te plait. La fête d'anniversaire que j'ai organisée a été financée avec mes frais universitaires. Et, c'est depuis une semaine que je n'assiste plus au cours et pourtant la session d'examens approche. Je te cherchais depuis longtemps, aide-moi s'il te plait, je n'ai encore rien payé. Et pendant tout ce temps, tu étais où ?

De quel droit veux-tu savoir là où j'étais, répliqua Dutronc, contente-toi du problème qui t'emmène ici. Et moi qui te croyais si riche, je ne savais pas que tous tes cadeaux provenaient de cet argent. Comment, sans peur, t'es-tu permise de gaspiller tout l'argent des frais universitaires comme une vraie idiote !

Je ne te permettrai pas non plus de me traiter comme tu veux parce j'ai besoin d'aide, lui dit Lisa, si tu n'es pas en mesure de me venir en aide, tu n'as qu'à le dire. Et d'ailleurs tu dois vraiment avoir une courte mémoire. Tu as déjà vite oublié combien je me suis sacrifié pour te nourrir à l'hôpital pendant que tu galérais.

C'est archifaux, c'est plutôt Sam qui a profité de ta largesse et à savoir qu'à l'hôpital, j'ai été sous régime alimentaire, tout ce que tu apportais, je ne le goutais même pas, c'est ta nouvelle cible qui en accaparait.

Alors j'ai eu tort de m'époumoner pour une personne autre que toi, lui dit Lisa avec étonnement car elle comprit avoir eu tort de croire à une personne qui est très loin de mon cœur.

Elle dit ensuite à Dutronc : « C'est quoi ton verdict ? ne m'oblige pas à te supplier comme un Dieu, alors que tu ne l'es pas. »

Je vais bien t'aider, répondit Dutronc mais, à condition que primo : ça reste entre nous deux et enfin que tu ne me cherches plus. Je suis amoureux d'une personne que tu connais bien et non de toi.

C'est comme tu veux lui répliqua Lisa, du reste après tout ceci, je me demande vraiment en quoi j'aurai encore besoin de toi.

Orgueilleuse même lorsqu'elle n'a rien, dit Dutronc, prends cent dollars américains. Ce n'est pas un prêt, j'estime que c'est un bon souvenir.

Merci beaucoup. Demain, je ferai Kinshasa pour aller chercher le reste afin de totaliser la somme deux cents cinquante dollars, lui dit Dutronc.

N'oublie surtout pas notre accord, insista-t-il.

Croyant qu'ils parlaient en secret, alors que Sam avait tout enregistré sur son portable depuis l'extérieur de leur chambre.

C'est à ton gré et je m'en fous ! lui dit Lisa, Merci beaucoup, j'ai toujours su que je peux compter sur toi. Tu as bien des signes qui ne pcuvent jamais tromper mon ange.

Va-t'en, je t'en prie, je refuse que quelqu'un te découvre ici et bon voyage, répliqua Dutronc.

Ce n'est pas fini, je t'aime encore. On se verra au retour.

Personne ne sut que Lisa et Dutronc se sont vus le soir de son arrivée. On remarqua seulement dès le lendemain la disparition de Lisa.

Après le départ de Lisa, Dutronc téléphona à Brayan pour lui signaler de son arrivée, ce dernier s'empressa d'aller vite pour être le premier à voir son ami. Il lui fit le rapport de son heureux voyage et quand Sam arriva, ils les laissèrent tous les deux fêter ce retour triomphal.

Mon pote, t'as repris les bijoux en or ? tu en as le gout comme une femme !

Si je te disais la vérité, tu croirais difficilement. J'ai croisé Sarah qui est devenue mère et femme d'affaire, c'est elle qui me l'a offert.

Sincèrement, tu as le don de chercher des problèmes là où il n'y en a pas, répliqua Brayan. Quelle explication réserves-tu à celle qui aime te voir en argent ?

Moi, j'aime l'or. C'est par amour que je porte l'argent. Du reste elle ne te connait pas assez, tu me couvriras ! Dit Dutronc à Brayan.

Dis, tu n'as qu'à la foutre dans ta valise. Cette-fois j'ai besoin d'une paix durable. Ne me parle ni de Sarah, ni de Lisa. Tu n'auras qu'à me parler d'Angela.

Et toi, peux–tu jurer que tu ne me parleras plus que de Bijoux ? tourne ta langue sept fois avant de conclure. Ne m'accuse pas de ce dont je suis innocent, lui dit Brayan.

Je voudrais faire un aller-retour demain pour visiter Angela, qu'en penses-tu ? se questionna Dutronc.

Belle initiative mais c'est juste un aller-retour, la session d''examens approche.

Le lendemain matin à huit heures, Dutronc était déjà au rond-point Ngaba, il annonça alors à Angela qu'il était arrivé à Kinshasa pour elle.

Ne me rejoins pas à la maison, tante Lisa vient tout juste d'arriver, lui répondit Angela au téléphone, J'arrive dans quelques instants. Et, quinze minutes plus tard, Angela arriva au rond-point Ngaba et prit Dutronc au bord de sa voiture et lui demanda là où il voulait qu'ils passent heures. Dans un restaurant un peu ambiant, lui répondit–il.

Angela conduit la voiture jusqu'au rond-point Victoire, dans la commune de Matonge. Ils choisirent une bonne place à l'hôtel-restaurant AKROPOLIS.

Tu connais l'endroit ? lui demanda Angela.

Oui, mais je ne l'ai jamais fréquenté.

Ce n'est pas spécial mais tu ne seras déçu, lui dit Angela. Tu verras des gens défiler, acheter, manger, etc.

Pourquoi me fixes-tu comme ça, demanda Angela ?

Je suis un homme normal, toi tu es sexy à quoi veux que je ressemble ?

Et tu crois que moi, je n'ai pas envie de te croquer ? lui dit Angela, pourquoi les hommes sont-ils moins discrets !

Ne me distrais pas, tu es devenue encore plus jolie, comment fais-tu cela ?

Et toi, tu repris avec de l'or et en plus qui coûte fortune ?

C'est pour Brayan, je l'ai eu juste quand je suis revenu de Matadi hier et je n'ai pas eu le temps de lui le rendre.

En tout cas, il est difficile de changer un homme. Qu'est-ce qui vous a rendu si proche ? demanda Angela.

Dutronc lui dit :

Vous avez eu la chance d'étudier là où la bleusaille est strictement interdite. Chez nous c'est un acte toléré. Chez nous les étudiants de premier graduat sont appelés boulet ou boulette selon le sexe. Les anciens sont appelés les poils. D'abord aucun boulet ou boulette n'a le droit d'avoir le cheveu. Le boulet n'a pas droit d'appeler le poil par son nom. Il faut dire GRAND POIL. Il n'a aucun droit de désobéir à n'importe quel ordre d'un grand poil. On peut te dire court à la faculté. Tu vas courir jusqu'à ce qu'il soit satisfait. On peut te demander de marcher à quatre pattes de la faculté jusqu'à la résidence universitaire. Dans la salle de cours, la plupart de boulets suivent le cours assis par terre sur ordre des grands poils qui sont ceux qui redoublent la première année de graduat.

Généralement les professeurs ne s'ingèrent pas dans ces histoires, c'est à quelques exceptions près.

Pour saluer les poils les boulets doivent toucher leurs parties intimes et sauter trois fois en disant salut poil trois fois. Les boulettes serrent leurs seins et sautent trois en répétant trois fois salut poil.

Les boulets qui habitent la cité sont parfois mieux. Puisqu'après la fac, ils rentrent chez eux, mais nous qui habitions la résidence universitaire, étions exposés à subir la bleusaille à la fois faculté et à la résidence universitaire. Un autre exemple ? lui demanda Dutronc, bien sûr, dit Angela.

On peut te demander d'écrire un mot avec tes fesses sur le mur ; on peut aussi te demander de faire la chèvre 50 fois. Et là tu cris meuh ! 50 fois de suite. On peut demander de pleurer pour rien. Ils allaient parfois plus loin et nous demandaient aussi de nous déshabiller. Tu restes en slip et tu te caresses jusqu'à ce que ton slip soit mouillé. Vous pouvez vous mettre à causer entre boulets, les poils prennent des seaux d'eau et les déversent sur vous quels que soient les habits que vous portez.

Il y eut un moment où l'eau potable était devenue rare. La REGIDESO qui est la société chargée de la distribution d'eau, n'en fournissait plus, on utilisait plus que l'eau de source. Et, un bon jour, un grand poil est venu me réveiller à 4 heures du matin avec un seau pour que j'aille prendre de l'eau à la source. A ma grande surprise, je rencontrai Brayan pour la première fois, il était aussi boulet ou bleu comme moi et était aussi réveillé pour la même raison. La source était dans la brousse sous de grands arbres à environ un kilomètre de la résidence universitaire. Plein de peur nous nous sommes engagés dans la forêt dans le noir pour aller chercher de l'eau. Cette circonstance nous a unis jusqu'à ce jour. Nous marchions côte à côte, la main dans la main.

Quand nous sommes arrivés à la source, nous en avons profité pour prendre bain et pour nous venger, nous sommes restés à la source jusqu'à 7 heures du matin. Arrivés à la résidence universitaire, nous avons été placés sous le lit jusqu'à midi.

Et après ? lui dit Angela.

Aussitôt sortis, nous sommes rentrés dans la brousse pour une promenade jusqu'au soir. C'est là que nous avons eu l'habitude d'aller nous promener dans la brousse quand nous n'avons pas cours. On y aller pour une simple visite, répéter les cours ou encore y passer notre temps. Jusqu'à ce que la bleusaille prît fin deux mois plus tard.

Toutes ces niaiseries ont pris combien de temps ? lui demanda Angela.

A la fin de la bleusaille, les poils organisent une rencontre sportive bleus contre poils qui est suivi d'une réception. Après quoi, on devient tous égaux.

A ces conditions, en tout cas on ne peut devenir que jumeaux. Mais cette façon de pratiquer ressemble beaucoup à ce qui se passe dans l'armée !

C'est pourquoi vous avez fait exactement la même chose aux nouveaux étudiants et de façon sauvage ? dit Angela.

Sam et Brayan oui, mais moi je ne l'ai jamais pratiquée. Je déteste ces pratiques et ça me mets parfois en conflits avec Brayan.

Je croyais que toi et Brayan, c'était la perfection !

Mais là où il y a des gens, ils ne manquent pas de problème, répondit Dutronc.

Un jour, en première année de graduat (licence 1) lorsqu'on avait publié leurs résultats de la mi–session d'examens, Brayan avait obtenu trente pourcents. Et, je ne sais piqué par quelle mouche, il s'est acharné sur moi croyant que je faisais partie de ceux qui se moquaient de lui à la résidence. Nous avons passé tout un mois sans nous adresser la parole, c'était le chaos. Après il y a eu réconciliation. Mais ce n'était pas fini, nous avons connu un second problème lorsqu'il est tombé amoureux de ta tante. J'étais totalement contre. Durant tous les temps qu'ils ont vécus ensembles, je ne collaborais pas avec Lisa.

Et pourquoi t'opposais-tu ? Lui demanda Angela.

D'abord, Brayan avait déjà une petite amie ensuite, ta tante qui avait un très mauvais entourage à l'époque ; sans même te parler de sa réputation.

C'est maintenant ton tour, parle-moi plutôt de ton ex ? Dutronc demanda à Angela.

Généralement les hommes ne s'intéressent pas à ce genre d'histoire mais comme tu le veux, je t'en dirais quelque chose. Il s'appelait Luc et c'était mon collègue de classe quand nous étions pré-finalistes aux examens d'état. Tout le monde savait qu'on était des bons amis et on se visitait, on se promener etc. mais personne ne savait vraiment qu'on était amoureux. J'étais toujours première de la classe et lui deuxième à chaque période. C'est pourquoi, nos camarades croyaient plus à une association des collégiens intelligents. Tout se passait dans le calme et dans la discrétion. Un jour, j'étais malade et après consultation, le médecin à décider de m'opérer, je souffrais d'une appendicectomie. J'avais fait de mon mieux de voir Luc avant d'être opérée mais je n'ai pas pu. J'ai envoyé des messages que Luc n'avait jamais reçus. L'intervention chirurgicale s'était bien passée. Mais sous les effets de l'anesthésie, j'ai dévoilé tout ce que je faisais avec Luc. Ainsi, après l'opération, mes parents m'ont interdit de le visiter et n'admettaient plus ses visites à la maison. Comme il était aussi très timide, tout est resté en suspens jusqu'aujourd'hui.

Une année plus tard, son père fut muté à Goma et depuis lors, je n'ai plus eu de ses nouvelles. Plusieurs années après, j'ai croisé un étudiant d'origine matadien, tu connais la suite…dit Angela.

J'étais sûr que c'est toi qui allais gâcher, lui dit Dutronc

Ben pourquoi, lui demanda Angela.

J'ai l'impression que tu te lasses vite des gens, répliqua Dutronc.

Ce n'est vrai que quand je ne suis pas amoureuse, en amour je suis toute autre. Tu sais très bien qu'en un moment tu avais gâché, lui dit Angela.

S'il te plait n'en revenons pas. Parle-moi plutôt de Luc, lui demanda Dutronc. Quand tu étais sous anesthésie qui était là ? maman, répondit Angela, et une de mes amies qui est allée vite chercher Luc pour lui faire le compte rendu.

Et quelle a été la réaction de ta maman ?

Comme toute éducatrice, tu es encore jeune, il faut prendre la vie au sérieux ...

Et après Sarah, il n'y a eu absolument personne ? demanda Angela à Dutronc.

Absolument c'est trop fort. Mais largement, il n'y a eu personne. Quand nous étions au maquis pour les examens d'état. Notre maquis était dans la parcelle de l'un de nous. A force d'être dans cette famille, sa petite sœur Clara était devenue follement amoureuse de moi et c'était un sentiment partagé. Le problème était que cet amour était impossible. Son frère aîné Blaise était mon bras droit et nous partagions le même lit. Malgré les multiples occasions qui se sont présentées, je me sentais incapable de lui jouer un tel tour. J'aimai Blaise plus que tout le monde de ma classe et il me faisait aveuglement confiance. Finalement notre amour a fini par des échanges des cadeaux et par un aurevoir après le maquis.

Tu n'avais plus jamais croisé Clara après ?

Bien sûr que si. Pendant les vacances, quand je passais en deuxième année de graduat (licence 2), une fois je suis allé lire à la bibliothèque de l'alliance franco-congolaise de Matadi. Pendant que je sillonnais les couloirs de la bibliothèque en cherchant des ouvrages entre les étagères, j'ai vu une jolie fille entrer. Après avoir déposé sa carte d'abonnement à la réception, elle se lança dans le couloir pour choisir des livres. Apparemment c'était une figure que je n'avais vu dans cette bibliothèque.

--------------------------------

Lorsque je tirai des Bandes dessinés, j'en fis tomber quelques-unes. En les ramassant, je sentis la présence d'une personne à mes côtés et en me levant, je me retrouvais en face de Clara que j'avais presque oubliée.

Alors Dutronc, on fait semblant de ne pas me reconnaître ?

Non Clara, je n'avais pas prêté attention que c'était toi, je te le jure.

Aujourd'hui, ce n'est pas un hasard, on doit parler. Moi j'ai beaucoup à te dire lui dit Clara.

Nous sommes allés dans une cafétéria avec nos livres et, Clara me demande :

Dutronc pourquoi je n'ai jamais eu une seule de tes correspondances ?

C'est par simple oublie, répondit Dutronc.

Ce ne pas parce que tu as trouvé mieux j'espère, répliqua Clara.

Clara, je t'aime plus que tu ne le croies mais, notre amour est pratiquement impossible, ce c'est ce que tu refuses de comprendre.

Mais moi je compte toujours sur toi, lui dit Clara.

Comment peux–tu compter sur un homme avec qui tu n'as jamais posé un acte intime et de qui tu n'as aucune promesse ?

De quelle promesse parles-tu ? répliqua Clara, tu m'as dit que tu m'aimais et depuis, j'ai toujours espéré qu'un temps viendra où nous allons tout concrétiser.

Alors Dutronc s'est rendu compte ne pas parler le même langage avec Clara. Essaie de te mettre à ma place, lui fait voir Dutronc, j'ai été hébergé chez vous pendant deux mois. Ton père était mon père, ta mère l'as été également. Sortir avec toi, c'est être un peu ingrat, et si jamais une grossesse arrivait ? Et pendant ce temps, ton frère ainé, même à l'université, est resté un frère pour moi. Sincèrement, cet amour, même si c'est le seul que tu tiens à connaître, est impossible pour moi.

Ayant entendu cela, elle s'est mise à pleurer comme une gamine. J'étais très gêné parce qu'elle avait attiré l'attention de tous ceux qui était là. Par contre elle, sans gêne, a quitté sa chaise en pleurant et venue tout près de moi et s'est inclinée sur mes pieds en répétant je t'aime Dutronc. Ne me déçois pas. Je me suis levé et l'ai relevée, je l'ai alors embrassé, curieusement tous ceux qui étaient là, ayant vu cela, applaudirent. Je l'ai ensuite ramenée de la cafeteria à la bibliothèque où nous avions remis les livres. Enfin je l'ai raccompagnée chez eux, chose que je n'avais pas prévue.

Le lendemain, je suis allé la voir, on a discuté chez eux sans aboutir à un terrain d'attente, elle a encore pleuré. De là, pour éviter l'attention des parents qui avaient beaucoup de considération pour moi, je ne l'ai plus cherchée. D'ailleurs, j'étais vite rentré à Mbanza-Ngungu.

-------------------------------------

Mais qu'est-ce qui peut rendre un homme aussi sérieux que tu l'es, la première déception ou la peur de l'autre sexe, se demanda Angela.

C'est la famille ma chère. Mes parents ne me permettaient pas d'avoir des amies de l'autre sexe, lui dit Dutronc.

A mon avis, tu l'as vraiment blessée. Tu lui dois quelque chose un jour. Tu devrais normalement te sentir coupable d'avoir dit à quelqu'un « je t'aime sans en assumer la responsabilité. » Et son frère n'avait jamais remarqué votre jeu ?

Il n'était pas aussi idiot, il savait bien que sa petite sœur m'aimait beaucoup et je lui avais promis de ne jamais sortir avec elle au nom de notre amitié.

Pourquoi avoir choisi l'amitié à la place de l'amour, un jour tu m'abandonneras pour protéger ton Brayan ? lui demanda Angela.

Je croyais que tu étais un peu différente de bijoux, la petite amie de Brayan mais malheureusement, vous réfléchissez toutes de la même manière et cette façon me déçoit sincèrement, regretta Dutronc aux propos de Angela. Toutefois je te répondrais par une promesse : le jour où tu croiras que mon amitié avec Brayan menace notre amour, dis-le-moi, j'abandonnerai Brayan pour sauvegarder notre relation. Tu peux noter cela. C'est ce que tu voulais entendre ?

Après quelques minutes de silence, Angela dit à Dutronc : « je note ta promesse, je promets aussi de ne jamais te séparer de Brayan. Mais je te demande seulement d'utiliser ton argent pour des fins personnelles et non pour aider les étudiantes en difficultés financières. »

Dutronc le fixa de ses yeux, et baissa la tête sans rien dire.

Il est midi, il faut que je retourne à Mbanza-Ngungu ma chérie Angela. Je reviendrai te voir après la session d'examens.

En chemin de retour, la dernière phrase de Angela résonnait toujours en lui. Il se dit je crois que cette pétasse de Lisa m'a piégé pour en faire un chantage ! Si j'en parle à Brayan, le problème risquera de prendre une autre dimension. Je préfère me taire. Peut-être que le silence m'aidera à connaître davantage. Malheureusement pour Dutronc, il n'aura jamais l'occasion de savoir comment un tel secret pouvait prendre des ailes pour atterrir à des centaines de kilomètres de Mbanza-Ngungu.

De son côté, Angela ne parvenait pas à trouver une solution pour protéger son amour des avances de sa tante. Elle devenait de plus en plus pensive mais, ne trouvait pas de solution.

---

Arrivée à Kinshasa, Lisa n'adressait aucune parole à Angela et pourtant elles partageaient la même chambre. Angela observa au moins que Lisa passait son temps avec son père qui à son tour, repoussait un tout petit peu Angela. Jusqu'à la nuit où avant de dormir, Aurora brisa le silence et posa la question à Lisa :

« Comment t'es-tu permise d'utiliser ce qui m'appartient sans ma permission. »

Je voulais d'abord corriger, répliqua Lisa, il ne t'appartient pas et en plus je voulais t'enseigner sur l'homme. Et, comme tu l'as ramassé je ne sais où moi, Je voulais faire de lui un homme digne et voilà maintenant que la soi-disant propriétaire apparaît pour me réclamer, sans gêne, ce qui lui appartient.

Peux–tu alors me dire de vive voix ce qu'il est et moi je te dirai après ce que tu es ? lui dit Angela.

Comparable à l'eau, il est incolore et sans saveur. Et en plus, il prend la forme du vase qui le contient. Quel choix ma sainte Angela ! s'exclama Lisa.

Pour moi, dit Angela, c'est l'homme saint qui me convient et que tu as enivré pour t'en servir et le mettre à ta merci, à moitié mort juste pour soulager ta conscience. Meurtrière ! Une fille mère comme toi a tout intérêt de se contenir pour ne pas préjudicier ses chances. Sans mes parents, que serais-tu devenue ? et en retour, c'est de cette façon que tu me paies ?

Quels parents, répliqua Lisa aujourd'hui j'ai des ailes, je sais voler et je peux me prendre en charge et supporter tant d'autres. Voilà pourquoi ton mec est resté collé avec moi, c'est ma poche qui le trouble, sans parler de ma beauté que tu ne sauras pas atteindre. Un mec à qui il faut tout apprendre, c'est lui que tu défends ? Tu en auras un jour pour ton compte.

Une beauté obsolète mérite encore d'être louée, dit Angela. Ça m'étonnerait beaucoup. Au contraire, tu devrais te rendre compte que tu gaspilles ton temps et ton argent.

Je te rappelle que c'est aussi ton cas, nous gaspillons tous. Au contraire, je me sacrifie pour qu'il demeure.

Un sacrifice venimeux peut-il faire demeurer ou plutôt tue à petit feu comme tu l'as déjà fait ? en plus tu ronges ses petites économies pour tes frais universitaires.

Je répète que c'est pour qu'il demeure, dit Lisa, et je le connais mieux que toi et mieux que n'importes qui. Si tu veux venir après moi, tu n'as qu'à demander gentiment et poliment la permission. On donne à celui qui demande. D'ailleurs qu'as-tu qu'il ne peut pas trouver à Mbanza-Ngungu ?

Je corrige d'abord ta question : qu'ai-je que tu n'as pas ? Angela lui demanda et continua :

J'ai un diplôme universitaire, j'ai mes affaires, je suis une fille sérieuse et vierge. Aussi, je suis plus jeune que toi. C'est chaque moi que je t'envoie quelque chose de ma poche sans compter que je prends soins de ta fillette qui est sans père. C'est pourquoi je te le répète, personne n'a le droit de poser son doit sur Dutronc tant qu'il sera à moi.

Je m'en moque, lui dit Lisa, c'est par là que tu dois comprendre que tout ce que tu es ne suffit pas pour qu'une femme attire et maintienne un homme. Je te plains. Tu peux être riche, intelligente et belle ; mais n'oublie pas que c'est pour les hommes que Dieu nous a créées. Malheureusement, il te manque ce qu'il faut pour être une femme.

T'aurais dit profiter de ma présence pour apprendre un plus sur ton escroc et sur la féminité au lieu de me faire des bruits inutiles.

Diablesse ! Angela se mit à pleurer et réponds son interlocutrice : Dutronc est à moi et je suis à lui, rien et personne ne peut modifier cette vérité. Tu n'as même pas honte de te déshabiller devant un cadet !

De quelle honte parles-tu ? lui répliqua Lisa, un cadet qui aime gouter les bonnes soupes comme celle qui te parle avec fierté de l'être ! Tu te foutais de tous les hommes qui t'approchaient, tu étais comme possédait par tes études et l'argent comme s'ils étaient la solution à tout. On t'a même surnommée Sainte Angela. Tout à coup tu te chamailles pour un homme ! Si et seulement quelqu'un pouvait bien nous entendre, on pensera certainement à un extraterrestre qui a réussi à te séduire.

J'ai aussi droit à l'amour lui dit Angela, comme toute autre femme. Mais, contrairement à toi, je sais que chaque chose a son temps dans la vie et jamais je ne ferai de ma vie un cocktail comme tu le fais avec la tienne.

Un cocktail préféré de tous les hommes en commençant par celui de qui tu es amoureux, en passant par ton père pour en finir par ceux que tu ignores. Cri alors ton père viendra te le prouver lui-même et, là tu sauras que j'ai le pouvoir de te faire quitter cette maison. Sache aujourd'hui que ton père n'a jamais été mon cousin mais plutôt un ami de mon « ton soi-disant oncle matadien. » Et l'enfant que tu crois sans père est bel et bien ta sœur. Tu as donc le devoir de me respecter.

Oh ! Ma pauvre maman ! Le jour où elle apprendrait que tu incarnes le diable ! cria Angela.

Vas donc le lui dire, j'ai droit de venir visiter ma fille et je te passerai un chèque pour te restituer tous tes petits cadeaux. Tu sauras enfin que tes affaires n'égaleront jamais les miennes.

Bien sûr que je vis de la sueur de mon front mais toi de la sueur de ton corps, quelle honte ! Tu n'es qu'une voleuse. Tu m'as volé mon papa et tu me voles mon amour dis-moi, qui me dérobera tu prochainement ?

Tu le sauras quand j'aurai fini mes études et que j'irai rejoindre le frère cadet de ton père en Europe parce qu'il m'a demandé la main.

A ces paroles, Angela tomba dans le coma et Lisa lança un cri de détresse.

On amena vite Angela à l'hôpital, et le lendemain matin, après avoir accompli sa mission, Lisa rentra à Mbanza-Ngungu. Angela resta dans le coma pendant vingt-quatre heures dès qu'elle se réveilla elle demanda de voir sa mère qui était absente du pays. Sa santé ne s'améliorait pas et lorsque sa mère l'apprit depuis la France, elle regagna vite le pays pour assister sa fille. Elle se rétablit vite et quitta l'hôpital.

Qu'est–ce qui t'arrive ma fille ? demanda sa maman.

Je voudrais quitter le pays. J'ai envie d'aller continuer mes études au Canada.

Tu sais très bien que ça ne dérangera personne. Dès demain, j'entamerai les démarches et dans une semaine tu pourras partir.

Mais parle-moi au moins de tes motivations.

Si tu m'accompagnes au Canada, je dirais ce qui s'est exactement passé la nuit où j'ai fait une crise, ce n'était pas un hasard.

Mais tu aurais dû le dire à ton père.

Celui-là bientôt il n'existera plus dans ma vie. C'est un monstre.

Tu as donc appris que celle que tu crois nièce est ta demi-sœur ? lui demanda sa maman.

Au-delà de tout ce que tu peux savoir, aide-moi seulement à quitter le pays. C'est le plus grand souvenir que tu m'aurais donné de ton vivant. Mais pourquoi m'avez-vous tous caché cette vérité ?

Tu étais bien trop jeune pour digérer ce problème ma fille. Imagine comment tu réagis alors que tu es déjà adulte. C'était pour protéger ton enfance que nous avons fait cela. Tes frères et sœurs ainés le savent très bien. En plus c'est quand même une tante pour toi. Ils sont nés à quatre dans leur famille. Leur frère ainé qui est à Matadi était un grand ami de ton père. Avant la mort de leurs parents, deux membres de leur famille, une fille et un garçon étaient déjà morts. A la mort miraculeuse de leurs parents qui apparemment étaient en bonne santé mais, moururent tous les deux à l'intervalle de quarante-huit heures, les deux orphelins furent rejetés et accusés de sorciers. C'est alors que ton grand-père Georges, par les supplications de ton père, aurait pris les deux enfants en charge. Ils grandirent ensembles sous le toit de ton grand-père qui était très riche. Quand Lisa fut en quatrième année secondaire, il y a le jeune frère de ton père, actuellement en France, qui la draguait parce que tous deux étaient de la même génération. Finalement ils sortaient ensembles. C'est la raison pour laquelle que ton oncle Fabrice fut envoyé en Europe. Après son voyage, six mois après, Lisa accoucha, on a tous crut que ton oncle en était responsable. Fabrice renia l'enfant et exigea une analyse de paternité. C'est en ce moment-là qu'on a découvert que ton père aussi était l'un de ses admirateurs. Il en profitait lorsque Lisa passait à la maison. Cette histoire a divisé la famille de ton père durant des années. C'est la mort de grand père Georges qui les a tous réunis et soudés une fois de plus. C'est en moment précis que ton père décida de récupérer sa fille et a décidé de renvoyer Lisa aux études supérieurs parce qu'elle était la seule qui prenait soin de ton grand-père jusqu'à sa mort. Malgré ses multiples erreurs, tout le monde a toujours été reconnaissante envers elle pour tout ce qu'elle a fait pour ton grand-père. C'est pourquoi même, je te conjure de considérer celui qui est à Matadi comme ton oncle, quelle que soit la vérité que tu viens d'apprendre. Et par-dessus tout, cette fille, Lisa a pris soin de toi durant toute ton enfance.

Elle a tout de même vécu une enfance difficile, la pauvre, dit Angela. Mais, ce n'est pas pourtant une raison pour me réclamer gratitude après tout ce que j'ai aussi fait pour elle. Mais pourquoi papa continue-t-il sortir avec elle jusqu'aujourd'hui ?

Les hommes ont des raisons que l'intelligence d'aucune femme sur terre ne saura préciser. Ne te décourage pas ma fille, prend courage car tu as toute ta vie devant toi. Ton père lui a presque toute sa vie derrière lui. Fournis au moins un effort de ne pas tomber sur un choix comme celui que j'ai fait, lui dit sa mère.

Maman, c'est aussi ça mon problème, les hommes. Sincèrement je dois te dire la vérité. Je suis amoureux d'un garçon, on a suffisamment évolué et je l'ai mis en contact avec celle que je croyais être ma tante. Mais, lors de son anniversaire, elle l'a enivré, a abusé de lui et l'a laissé marcher sous l'emprise d'alcool en pleine route un gros véhicule l'a même percuté.

Au nom de Dieu ! Que serait devenu le pauvre, s'exclama sa mère. Il est convalescent, lui dit Angela et il vient tout juste de sortir de l'hôpital. Je me suis senti obligée de prendre en charge ses soins médicaux car je l'aime maman.

Cette descendante de Caïn est capable de tout, je crois que je dirai à ton père que je ne veux plus la voir ici. Elle devient de plus en plus dangereuse ! Est-ce que je peux voir Papa ?

Fais-le pour moi maman je t'en prie. Rassure–moi qu'il sera près de toi quand je serai loin du pays.

Tout ça c'est ton père, les hommes sont de maux de tout, dit sa mère.

Sauf mon Dutronc maman, je t'aime maman et je peux au moins compter sur toi. Tu as un cœur tellement grand que tu peux supporter une rivale.

Je n'ai jamais eu le choix ma fille. Un jour tu le comprendras peut-être qu'être femme, c'est aussi synonyme de subir.

Maman, je voudrais aller le visiter Dutronc demain me donneras-tu le chauffeur ?

D'accord ma fille mais tu partiras le matin et tu devras être de retour au plus tard midi, je ne voulais pas trop me justifier auprès ton père.

C'est promis maman.

-------------------------------------------------------

Et, le lendemain matin vers six heures, Angela, accompagnée du conducteur de sa mère, étaient déjà en route pour Mbanza-Ngungu et vers 6h45', ils étaient déjà à la résidence universitaire là où habite Dutronc.

Elle descendit de la voiture et se dirigea vers la chambre de son mec lorsque de loin il vit une fille y sortir à cette heure.

Sans frapper, elle entra et trouva son amour seul devant ses notes. Après l'avoir embrassé il lui dit, je n'ai que deux heures chéri, ferme tes notes tu auras tout le temps après moi.

A vos ordres chef, lui répondit Dutronc.

Mais il y a quelque chose que je voulais comprendre, lui dit Angela.

Je sais, répondit Dutronc, ne pose pas la question et dans cinq minutes, tu auras la réponse.

Quelques minutes après la fille qu'elle avait vue dans le couloir rentra et salua l'inconnue.

Angela, je te présente Vanessa, dit Dutronc, elle est ma collègue de promotion, elle vient d'arriver parce que nous avons travail en groupe. Et Vanessa, je te présente mon amour Angela, elle vient de Kinshasa.

Angela, sans te flatter tu as gagné la loterie, tu as pu arracher l'homme le plus envié des filles de la faculté. Dis-moi ton secret lui demanda Vanessa.

Mais si je te le dis, tu risquerais de me remplacer, je pourrai au moins te donner un secret pour une autre loterie.

Ce serait tard parce que quelqu'un m'a déjà gagnée. Mais malheureusement, ce quelqu'un, c'est cet enfoiré qui s'appelle Sam.

Tu n'avais pas besoin de préciser, Sam m'a déjà parler de toi ; Où est-il ?

Déjà sous les arbres de la brousse c'est là où il se concentre mieux. Bon, je te laisse Dutronc pour une heure, pas plus nous avons tous besoin de lui. Amusez–vous bien et vite, elle s'éloigna d'eux.

T'as eu ta réponse ? lui demanda Dutronc.

Oui, mais tu n'es pas un personnage public. Une fille dans ta chambre à six heures, toi torse nu et en petite tenue, ce n'est pas digne d'un amoureux.

Un peu de jalousie me fait beaucoup du bien ma chérie. Donne-moi juste cinq minutes le temps de prendre la douche et je serai à toi et je précise à la tenue de ton choix.

Toute tenue sauf celui d'Adam, répliqua Angela.

Lorsqu'il sortit de la salle de bain, Angela ne put résister aux charmes qui accompagnaient son amour après la douche. Ils s'embrassèrent … et le laissa s'habiller.

Chérie si tu veux, on peut y aller

Non je ne suis pas prête aujourd'hui. Ne t'en fais pas ça viendra. Je connais mes devoir à cœur et je ne te délaisserai pas comme tu l'as fait à Clara.

Continue à me provoquer tu feras une crise le jour où tu apprendras que j'ai payé mes dettes envers Clara.

Tout est possible sauf ça, lui dit Angela.

T'en es sûr ? lui demanda Dutronc. Aussi sûr que la sureté elle-même. J'ai assisté au mariage de Clara, c'était très classe. Elle s'est marié quand nous étions en troisième année graduat (licence 3) et je connais même son adresse, on était très proche.

Mais tu aurais pu me le dire ce jour-là, lui dit Angela. Au contraire, je suis très fière de toi parce que tu as dit la vérité. C'était exactement comme si elle-même Clara nous le racontait.

Le monde est trop petit, tu m'amèneras la visiter, lui demanda Angela.

Non, elle n'a jamais cessé de penser à toi. Aussi longtemps qu'elle est heureuse, je ne te permettrai pas d'aller troubler leur bonheur.

Oh ma chère Clara, enfin mariée. Son frère ne me l'as jamais dit.

Peut-être voulait-il t'épargner des soucis.

Chérie approche, je dois aller travailler. Après quoi…chacun vaqua à ses occupations.

Au revoir ma Chérie à bientôt.

Bye, je t'aime.

Ainsi Angela retourna à Kinshasa et laissa Dutronc poursuivre la préparation de ses épreuves.

## XI

La session se déroula sans problème, Dutronc devrait passait en deuxième licence (Master 2) en Sciences économiques tandis que son ami Brayan attendait la publication des résultats et la collation des grades académiques. Dutronc décida d'attendre cette cérémonie et voyager après. Ainsi, tous deux passaient souvent la journée ensembles et le soir, ils se retrouvaient chez Bijoux la petite amie de Brayan pour parler de la réception que Brayan devrait organiser à la l'occasion de la fin de ses études.

Un soir Bijoux, était absente de leur résidence universitaire. Il était déjà huit heures du soir, Dutronc et Brayan essayèrent de la joindre par son téléphone portable mais, sans succès. Ce qui le priva de leur souper. Alors qu'ils rentraient, de loin ils virent un couple en train de se caresser ce qui n'attira pas leur attention.

Qu'allons-nous faire pour ce soir Dutronc ?

Achetons des pains et allons prendre un thé chez toi, lui dit Dutronc, on n'a pas de choix.

Des pains simples ? répliqua Brayan, Il faudrait bien qu'il y ait aussi un peu de charcuterie ?

C'est comme tu voudras j'ai assez d'espèces avec moi.

A leur grande surprise, lorsqu'ils furent proches du couple sous l'arbre, Brayan cria « Bijoux ! » Les deux amoureux se séparèrent. Brayan donna une baffe à Bijoux, mais Dutronc la protégea et en fit victime, ce qui énerva davantage Brayan qui se jeta sur le camarade inconnu. Pendant ce temps, Dutronc fit signe à Bijoux de s'éclipser, ce qu'elle fit sans tarder. Une bagarre se déclencha au point que Dutronc ne parvenait pas à séparer les deux rivaux qui sanglotaient déjà y compris Dutronc qui essayait de calmer la situation.

Heureusement dans ce chemin isolé, deux hommes qui passaient, parvinrent à les séparer et amener le rival de Brayan.

Dutronc malgré affaiblit par des coups reçus injustement, pris son ami et se dirigèrent vers la Clinique notre dame. Dès qu'ils arrivèrent à la réception, Brayan fit dans le coma. Les deux combattants furent retenus à l'hôpital l'un conscient mais l'autre toujours inconscient jusqu'au lendemain. Le matin lorsque BRAYAN ouvrit les yeux il cria de nouveau Bijoux ! il fit encore une autre crise pour ne se réveiller que le lendemain. Dutronc fut relâcher mais ne put quitter l'hôpital à cause de l'état de santé de son ami qui n'était pas louable. Ça faisait déjà trois jours qu'il ne mangeait rien et ne vivait que grâce à la perfusion.

Alors, le médecin leur dit que la présence d'une femme sera très nécessaire pour son rétablissement.

Dutronc appela alors Angela et lui expliqua tout ce qui s'est passé. Elle en profita pour faire un aller-retour. C'est donc son passage qui changea un peu la situation de Brayan qui commença petit à petit à manger en sa présence. Après son départ, Lisa en profita pour faire l'intérim. Elle s'y rendait chaque jour et apportait tout ce qu'exigeait Brayan qui par moments ne parvenait pas à retenir ses larmes à cause de la déception. Brayan passa au total quinze jours à l'hôpital. C'est ainsi qu'il finira ses études sans participer à la cérémonie de la collation des grades à cause de la déception d'une fille.

Aussitôt Brayan sorti de l'hôpital, Dutronc alla chercher Bijoux qui le reçu comme d'habitude en toute gentillesse.

Ma chère, je mérite bien des réponses sincères parce j'ai failli crever à cause de toi. Pourquoi nous as-tu déçus à ce point ? lui demanda Dutronc.

Je n'ai déçu personne, répondit Bijoux, je fais ce que vous les hommes, vous permettez de faire souvent. Pourquoi le trouves-tu aussi grave ?

c.à.d. ? lui demanda Dutronc.

Toi, tu as Angela mais tu t'es envoyé en l'air avec Lisa. Quant à ton frère Brayan, tu le connais mieux que n'importe qui.

Ma chère pourquoi as-tu jamais voulu effacer mon passé, Lisa m'a enivré pour arriver à ses fins. Quant à mon frère, tu le connaissais aussi mieux que moi.

Il est vrai que Brayan, je le connaissais, lui dit Bijoux mais, je me suis rendu compte qu'il ne changera jamais. Je vivais bien avec Brayan, il me donnait tout ce que je voulais, il était toujours présent dans mes joies comme dans mes peines. Sa tendresse et son attention était quand même mon partage, mais il avait un défaut qu'aucune femme ne supporterait : « il était comme Lisa, obsédé sexuel et, dès qu'il en a envie, il lui faut une satisfaction à n'importe prix. »

Parfois il me donnait des coups quand je n'étais pas disposée à faire l'amour avec lui. Et, lorsque je résistais jusqu'à la fin, il ne se gênait pas d'aller trouver une autre fille sur le champ. Je t'épargne du nombre de fois où je l'ai surpris avec des filles. La dernière fois que je l'ai surpris, c'était avec ma colocataire et quoique je me fusse réconciliée avec elle, j'ai juré de chercher un autre mec. Je ne méritais pas un tel homme. Et je lui avais même dit de ne plus compter sur moi, mais il croyait que je blaguais.

Tu aurais dû m'en parler pour qu'on trouve une solution ? lui reprocha Dutronc.

Laquelle, selon toi. Me chercher une suppléante. Je comprends pourquoi Lisa l'as toujours séduite jusqu'à ce jour, ils sont pareils. Mais ce n'est pas fini, si mon nouveau mec me largue, je vous ferais la peau jusqu'à mon dernier souffle.

S'il te plait ne fais pas cela Bijoux, je gérerai mon pote pour qu'il ne t'approche plus et de ton coté, pas de conneries.

Toi tu vis un amour à distance ce n'est pas pour autant que tu te permets n'importe quoi. Ton frangin n'avait aucun respect pour moi.

J'espère que tu ne m'as pas assimilé à lui, je présume qu'entre toi et moi, tout marche sur des roulettes, lui dit Dutronc.

C'est comme tu le dis, je n'ai rien contre toi, mais Brayan doit cesser de croire qu'il est le plus fort. Sur terre, il y a aussi des plus riches, des plus malins, des plus intelligents, des plus colériques, des plus gentils. Le superlatif n'est pas une qualité que Dieu n'a donnée à une seule personne, on en a tous tant bien que mal, dit Bijoux.

Merci pour cette franche collaboration, je rentre et te souhaite bonne chance.

Merci à toi aussi d'avoir compris que c'est le temps pour moi de vivre ta liberté.

Ainsi Dutronc quitta doucement Bijoux.

En rentrant, Dutronc se dit finalement que les relations parfaites n'existent que dans les romans. Moi–même, malgré ma sérénité, j'ai quand même triché une fois : c'est drôle, le sexe est la source de plusieurs divisions parmi les êtres humains mais, personne ne s'en rend compte. Au contraire, tout le monde est à la recherche du sexe semblant ignorer les dégâts qu'il a causé.

Toutefois, à sa guérison, Brayan organisa une petite réception pour fêter la fin de ses études avant de quitter Mbanza-Ngungu. Pendant tout ce temps Dutronc quitta Sam qui avait les épreuves de deuxième session pour aller assister Brayan.

La nuit précédant son départ, alors qu'ils étaient déjà au lit, Brayan dit à Dutronc :

« Dutronc, dis-moi, n'as-tu pas appris la raison pour laquelle Bijoux a décidé de me délaisser. ? »

Selon ses amies, elle te trouvait trop brutal, tu ne négocies jamais en douceur.

Mais pourquoi n'a-t- elle pas cherché une négociation, lui demanda Brayan.

Personnellement c'est difficile. Voilà cinq ans depuis que je suis avec toi, amis et tu n'as pas changé. Ce que tu dois savoir est qu'elle n'est pas la femme de ta vie. Moi, j'ai couché avec la tante de ma copine mais, elle ne m'a jamais rejeté. D'ailleurs au lieu d'en faire un problème, elle a regretté du comportement de sa tante qui vient de trouver une autre piste pour me coller encore.

Tu as raison mon cher, lui dit Brayan, il est vrai que c'est ma nature…

Mais toi tu l'as supporté pourquoi pas elle ? lui demanda Dutronc.

Parce que moi, répondit Brayan, je suis fait pour toi et quelque part il y a aussi une femme qui est faite pour toi qui te supportera au-delà de ton entendement ; tu dois le croire.

C'est pourquoi, permet moi de te dire que je t'aime de tout mon cœur. Je n'ai jamais su que tu me supportais avec peine. Et quand je pense aux cicatrices que tu as aujourd'hui à cause de moi, je me rends compte que tu es un ami digne. Je suis fier de t'avoir au-delà de tous ceux que j'ai croisés dans ma vie.

Je t'aime aussi frangin, dit Dutronc et bon sommeil car demain, la journée sera longue pour nous.

Le lendemain matin, ils se rendirent tous deux à Kinshasa. Ils arrivèrent dans la famille de Brayan, déposèrent leurs bagages et allèrent visiter Angela dans son magasin au centre-ville.

Salut les combattants !

Enfin on est là.

L'hôpital, la fête, etc. ça s'est bien passé ?

Avec l'assistance de Lisa, tout a marché comme sur des roulettes.

Celle-là, elle ne lâche jamais, un jour elle finirait par tomber amoureux du diable en personne, dit Angela.

Comment expliquer que vous êtes allé la même année, subis ensembles la bleusaille mais toi Brayan tu termines avant et lui Dutronc, étudie encore, se demanda Angela.

Ah oui, à l'institut supérieur pédagogique, les années universitaires sont respectées, c'est neuf mois par années. Chez nous à l'Université Kongo, comme tous les professeurs sont des visiteurs, il faut se contenter de la disponibilité des professeurs. Une année universitaire peut varier jusqu'à dix–huit mois, lui explique Dutronc.

J'ai toujours cru que Lisa faisait des rechutes et nous mentait sur la durée des années universitaires à l'Université Kongo, dit Angela.

Lisa est l'une des étudiantes les plus compétentes de leurs promotions. Elle ne vous a jamais menti. Nous avons subi la bleusaille ensembles, lui dit Brayan.

Alors célébrons la première réussite, je vous invite au restaurant du grand hôtel de Kinshasa.

Quelle surprise ! dit Dutronc.

Vous les méritez bien mes chéris.

Deux jours plus tard, Dutronc regagna sa chère ville de Matadi où il avait commencé à enquêter sur les enfants de la rue pour son travail de mémoire de fin d'études. Mais se souvenant de ce qu'elle avait appris sur Clara, il alla visiter leur famille pour en avoir la confirmation. Eh oui, la nouvelle cela était bien vraie, Clara s'était déjà mariée.

J'ai quand raté une bonne femme, pensa-t-il, le pauvre Dutronc.

---

## XII

Dans le cadre de ses recherches, Dutronc effectua un tour à Mbanza-Ngungu pour quelques mises au point avec le Co–directeur pour de travail de fin d'études. Pendant ce temps, Lisa aussi passait ses épreuves de deuxième session.

Un matin, Dutronc reçu une note selon laquelle elle était très malade. Il prit la décision d'aller la voir avant de préparer son voyage. Lorsqu'elle arriva à résidence des filles, il constata qu'il n'y avait qu'une seule personne. Il entra, la trouva avec sa robe de nuit. Elle lui demanda de se mettre tout près de sa tête. Elle commença à se plaindre en disant qu'elle avait mal à la tête mais…qu'elle avait aussi rêvé en train de faire l'amour avec Dutronc.

Sans donc tarder, avec sa masse plus grande, elle renversa Dutronc sur le lit, commença à l'embrasser. Dutronc se laissa faire. Lorsque celle-ci constata qu'il était excité, elle retira sa robe de nuit et resta toute nue. Elle voulut faire la pipe à Dutronc, qui ce dernier se le va brusquement et lui dit, il faut que je voyage et il s'en alla.

Tu n'as jamais été capable, c'est pourquoi tu as raconté à ton Angela que tu m'as remis cent dollars, lui dit Lisa.

Dutronc regarda Lisa et lui dit : « Je peux tout lui dire sauf ça. »

Et depuis cet acte-là, Lisa ne lui adresse plus la parole que ce soit en chemin, à la faculté ou à l'Eglise. Elle le passait en chemin comme un inconnu et ne répondit plus à ses salutations.

Dutronc de son côté faisait de son mieux et les gens qui aimaient les observer ne remarquèrent point que le courant ne passait plus entre Lisa et lui. De l'autre côté, elle enleva toutes les photos de Dutronc qui étaient exposées sur les murs de sa chambre. Elle alla ensuite retirer tous les cadeaux qu'elle avait offerts à Dutronc. Cependant, elle continuât à visiter Sam et renforça son intimité avec lui. Et en plus, ce dernier en la personne de Sam, changea son comportement vis-à-vis de Dutronc.

Sa plus grosse erreur, comme il en est pour beaucoup d'autres personnes, était celle de ne pas avoir dit tout haut « non » à une histoire qu'il n'avait jamais approuvée au fond de son cœur. S'il avait expliqué clairement sa position à Lisa, tous deux ne seraient jamais en arrivés là. Dutronc croyait qu'en se laissant faire, il préserverait sa relation avec elle ; alors qu'en réalité, il la détruisait davantage. Quelle explication donnerai-t-il à Angela le jour où elle apprendra que son mec ne rime plus avec sa tante ?

De son côté, Lisa qui décida ne plus adresser la parole à Dutronc, ne resta pas sans rien faire. Elle prit la décision de se venger en humiliant Dutronc en public. Qu'a-t-elle fait ? De tout son cœur, elle se disait « je sais où l'attraper ».

Un jour, après avoir passé une épreuve d'examen Sam entrant dans la chambre lui remit une note venant de Lisa et sortit si tôt.

> Cher camarade étudiant,
>
> Un jour, un médecin renommé fut appelé par une famille dont l'état de l'enfant était comateux. Au moment où il sortait de son bureau, on lui emmena un autre malade souffrant de la même malade que celui qui était loin de l'hôpital. Le médecin ne réalisa pas qu'il n'avait qu'une seule ampoule dans ses réserves. Il se dit : si je l'injecte à celui qui est devant lui, le patient qui m'attend mourra. Après réflexion, il dit aux infirmiers ; faites quelque chose, j'arrive.
>
> Arrivé chez le patient, il le trouva guéri, on lui expliqua que pendant sa crise, sa mère était en train de prier et soudain il se leva, demanda la nourriture, mangea et commença à jouer.
>
> Sans poser des sous-questions, le médecin rentra dans sa voiture et alla vite à l'hôpital où il trouva le patient qu'il avait laissé était déjà mort.
>
> O monsieur le sage, peux-tu m'éclairer sur cette situation dans les heures qui viennent ? questionna Lisa à la fin de sa lettre.

Pendant ce temps le téléphone de Dutronc sonna, c'était Angela : S'il te plait mon amour fais de ton mieux de te retrouver à Kinshasa ce soir. Je sais que tu te débrouilleras et je te restituerai toutes les dépenses que tu engageras pour m'atteindre.

Comparant lettre eu message de son amour, Dutronc se dérangea beaucoup à cette demande, malgré le climat, se dit-il, mieux vaut que j'aille voir Lisa peut-être que me soufflera-t-elle quelque chose. Il ne se souvenait même pas de la dernière fois qu'il lui avait visitée. Arrivé au seuil de sa chambre, comme d'habitude, il entra sans frapper. Et, à sa grande surprise, Sam et Lisa étaient en train de faire l'amour. Sans dire quoi que ce soit, il était déjà quinze heures, il se dirigea vers la gare routière et rattrapât la dernière voiture qui se dirigeait vers Kinshasa.

Lisa ne put récolter que cent dollars à Kinshasa, jadis lorsque tout marchait très bien, elle était très sûre qu'Angela allait lui venir en aide. Mais cette fois-là, elle était bloquée. Il lui fallait encore cinquante dollars pour compléter les frais universitaires et payer 20 dollars pour la participation à la session d'examen, sans compter qu'il lui fallait aussi une somme pour sa ration alimentaire pendant la période des examens. Elle fit recours à son frère ainé à Matadi qui ne pouvait rien pour elle. Elle n'avait pas non plus le droit de rappeler Kinshasa où elle venait de semer un grand trouble. Elle chercha des emprunts auprès des camarades étudiants mais proche de la session, il est presqu'impossible d'en trouver. Ne voulant pas rater l'année académique, elle se dirigea vers un Monsieur qui la draguer depuis un moment. Notre Monsieur, voyant la proie venir vers son carnassier sans effort, la dévora. C'est ainsi que Lisa pu payer ses frais académiques et passer ses examens. D'ailleurs, elle n'était pas la seule dans ce jeu. Plusieurs étudiantes en faisaient recours en cas de problème. Cette pensée la consola davantage et l'encouragea à se préparer convenablement à la session d'examens.

Et pourtant, au fond d'elle, elle réalisa la bonté de ce garçon qui lui avait remis cent dollars sans conditions. Elle n'en revenait pas. Elle aurait bien voulu le rapprocher encore pour entretenir une bonne amitié mais, elle réalisa que cette fois-là que c'était finit. Elle était allée trop vite et elle en est sortie perdante.

Son amie avec qui elle passait souvent son temps lui dit : « ne t'en fais pas ma chère, la fin d'une chose ne vaut-elle pas mieux que son commencement ? L'essentiel, c'est de ne pas rater une année universitaire. »

Tu as raison, répondit Lisa, mais je me sens coupable de beaucoup. Je ne suis pas fier de moi. J'ai un comportement que je ne comprends même pas, comment j'ai pu souler un homme aussi bon rien que pour coucher avec lui, ce qui l'a troublé jusqu'à être renversé par une voiture ?

C'est du passé, lui dit son amie, s'il t'a remis cet argent, cela veut dire que tes péchés te sont pardonnés, sinon il ne l'aurait pas fait. Sois calme et tu as la possibilité de tout changer demain. Ne pense pas souvent aux erreurs du passé, ne te décourage surtout pas de toujours faire mieux. Nous avons tout notre avenir devant nous, il y a bien de chose que nous allons récupérer. Allons, je crois qu'il est temps d'aller étudier. Nous avons raté les amours mais ne ratons tout de même pas nos examens.

Tu as raison ma chère, lui dit Lisa, je n'incarne tout de même pas le mal, j'ai aussi mes côtés positives : je sais assister les malades, je suis belle, je suis intelligente, etc.

## XI

Au rond-point Ngaba, Dutronc appelât Angela et celle-ci lui dit au téléphone : « rejoins-moi à l'hôtel Memling chambre 44. » Et, c'est vers vingt heures que Dutronc put rejoindre son amour qui l'attendait à la réception. Ils se dirigèrent au restaurant burent et mangèrent, parlèrent longuement jusqu'à vingt-trois heures.

Arrivée dans la chambre, Dutronc se précipita d'aller prendre la douche le premier, sorti de la salle de bain avec sa petite de chambre et se jeta au lit. Angela à son tour alla prendra une sérieuse douche de trente minutes. A sa sortie, sans dire un mot à l'homme qui s'endormit comme un ange, elle commença à le caresser, à l'arroser des baiser de la tête aux pieds. Elle le caressa sérieusement, Dutronc se laissa faire comme un ignorant, ce qui l'excitait grandement. A ce moment, elle saisit sa verge, la manipula jusqu'à ce qu'il lui dît merci avec une voix tremblante, il éjacula. Il saisit alors la fille, la caressa lentement et profondément, comme un vrai expert il ne ciblait que les zones érogènes. Seconde après seconde la voix d'Angela s'éleva, elle pleura de joie. Il continua à la caresser au point que lorsqu'il la pénétra, il perdit la vitesse quelques minutes après. Angela le comprenant, changea de plan, se retrouvant sur lui et prit le bâton de commandement jusqu'à ce que les deux lancèrent un cri de joie ensemble. Là, Dutronc ne cessa de répéter : « merci. » Elle se reposa alors sur son torse, quelques minutes après, elle se jeta au lit et dit :

Pourquoi quand tu jouis, tu dis toujours « merci ? »

Parce que c'est une faveur qu'on ne peut pas recevoir de n'importe qui de tout son cœur, lui dit Dutronc.

Tu penses donc que je le fais de tout mon cœur ? lui demanda Angela.

Je ne pense pas, lui dit Dutronc, mais je le sais. Tu le fais de tout ton cœur et de tout ton amour. Je t'en prie il fait tard.

Angela regarda Dutronc et lui dit : « J'ai deux dernières choses à te dire : premièrement, Lisa n'est pas ma tante ; elle a eu un enfant mon père. Enfin, ma mère veut te voir, mais, pas aujourd'hui. Je te passe son numéro et promets-moi que tu vas faire un voyage uniquement pour elle.

C'est promis, mais il faut qu'on en discute, lui dit Dutronc. Angela répondit : « J'ai sommeil. »

Vers cinq heures du matin, elle le réveilla et lui dit : imagine que je me demandais comment te l'annoncer. Une de mes amies venait de perdre son père dans le coin et j'ai eu la permission de venir assister au veillé mortuaire. Et là je t'ai directement appelé pour ne pas louper cette occasion.

Et qu'est–ce que tu voulais m'annoncer ? lui demanda Dutronc.

Mon vol est programmé dans exactement trente-deux heures. Je voyage pour le Canada et je crois ne plus revenir. Merci de m'avoir témoigné un amour au-delà de mes rêves. Je te souhaite plein succès dans tes études. Oh ! je dois me hâter le chauffeur sera là à six heures juste.

Elle sursauta et se dirigea vite vers la salle de bain.

Un peu gêné par sa tenue du jardin d'Eden et saisie par une profonde tristesse, Dutronc se tut. Voyant sa compagne remplie de joie, il ne savait même pas comment aborder un dialogue. Faisant semblant de vouloir essuyer ses lunettes, il essuya les larmes qu'ils ne savaient comment retenir. Retournant le regard vers sa petite amie qui entrait dans la salle de bain, il dit bassement je t'aime au-delà de toute ton imagination.

Tu veux un souvenir ? lui demanda Angela.

Il répondit, très découragé, la nuit m'a comblée. (Pauvre Dutronc)

J'ai tout de même prévu une enveloppe pour toi. Mais j'ai l'impression comme si tu n'es pas content de mon voyage ?

Si ma chérie, d'ailleurs attends, je vais te bénir : là où tu vas que l'Eternel te donne ce que ton intelligence n'a pas su demander en République Démocratique du Congo mais qui t'es utile pour tout le reste de ta vie. Satisfaite ? lui demanda Dutronc.

Oui mon seigneur. Un instant chéri.

Pendant qu'elle s'éloignait pour la salle de bain, notre pasteur Dutronc en profita pour achever la tristesse de son intérieur : Pourquoi moi ? Il pleura sérieusement en silence. N'avais-je pas droit à une restauration. Pourquoi j'échoue toujours. Même celle-ci que j'ai tant aimée a fini par me payer comme un chien de chasse. Je n'aime pas des amours superficiels et je n'ai jamais sous-employé l'amour. J'ai toujours aimé de tout mon cœur et de toute ma force. Et, croyant que persuader par ma façon de servir, on se souciera de moi comme je le fais pour les autres. J'ai pourtant l'impression de vivre les plus belles amitiés du monde, j'ai récolté dans mes études toute sorte de gloire grâce à l'intelligence que Dieu m'a donnée. Cependant, j'ai l'impression de manquer ce qu'il faut pour être un amoureux comblé. Oui, j'ai une sous-brillance remarquable en amour.

Était-ce réellement le temps de l'amour ? Si oui, pourquoi, ça a fini mal ? En tout cas, l'amour n'est pas mon lot. Qu'est-ce qui me manque vraiment pour être le héros de mes amours et ressembler aux autres ? L'amour, pour qui que ce soit, doit avoir sa place dans la vie. J'ai tout perdu.

Bientôt, très bientôt dit Angela, j'oublierai la souffrance de me battre pour entrer dans un bus, la chaleur de la ville de Matadi et toute la kinoiserie. Je ne serai plus congolaise. N'est-ce pas merveilleux ?

Ma chère compatriote, sois simple, lui répliqua Dutronc.

La canadienne, s'il vous plait ! lui corrigea Angela.

Quelle diarrhée verbale ! s'étonna Dutronc.

Rends-moi un dernier service, veux-tu remettre cette lettre à Lisa.

Pourquoi pas, répondit Dutronc.

> Ma chère tante,
>
> Pardonne-moi pour tout ce je t'ai causé comme tort. J'ai eu le courage de t'écrire parce que j'ai appris ton enfance que je juge brisée. Mais je veux que tu saches que la vengeance n'est pas la seule façon d'exprimer ses problèmes ou des

rechercher ses solutions. Imagine que tu es à la fois ma rivale et celle de ma mère : une vengeance jusqu'à ce point ne peut pas exister.

Tu as tout intérêt de mener une vie juste qui justifiera que tu ne méritais pas tout ce que tu as subi dans ton passé. Tu vaux plus qu'une simple étudiante. Tu as un grand cœur qui porte un fardeau très lourd. Je ne crois être capable de le faire à ta place.

S'il te plait, change ta vie, fais d'elle une référence pour toutes les filles qui souffrent. Tu es bel et bien la solution à toutes les souffrances des femmes.

J'ai beaucoup de respect pour toi quand je pense que tu te bats pour avoir un diplôme d'études supérieur. Et, n'oublie pas que tu as les bénédictions du grand père Georges et de toute la famille.

Prends bien soin de toi, bon courage et je te souhaite bonne chance.

**FIN DU PREMIER VOLUME DE LA CANADIENNE**

Printed by Books on Demand GmbH, Norderstedt / Germany